경북의 종가문화 13

처마 끝 소나무에 갈무리한 세월,
　　경주 송재 손소 종가

경북의 종가문화 13

처마 끝 소나무에 갈무리한 세월,
경주 송재 손소 종가

기획 | 경상북도 · 경북대학교 영남문화연구원
지은이 | 황위주
펴낸이 | 오정혜
펴낸곳 | 예문서원

편집 | 유미희
디자인 | 김세연
인쇄 및 제본 | 주) 상지사 P&B

초판 1쇄 | 2013년 1월 14일

주소 | 서울시 성북구 안암동 4가 41-10 건양빌딩 4층
출판등록 | 1993. 1. 7 제6-0130호
전화 | 925-5914 / 팩스 929-2285
홈페이지 | http://www.yemoon.com
이메일 | yemoonsw@empas.com

ISBN 978-89-7646-291-6 04980
ISBN 978-89-7646-288-6 (전8권)
ⓒ 경상북도 2013 Printed in Seoul, Korea

값 23,000원

경북의 종가문화 13

처마 끝 소나무에 갈무리한 세월,
경주 송재 손소 종가

황위주 지음

예문서원

지은이의 말

　　종가宗家란 '우뚝 높고 큰 집'이다. 집이 높이 있다고 높은 집이 아니고, 건축물의 규모가 크다고 큰 집은 더욱 아니다. 그 집을 터전으로 삼아 살아온 사람들이 높이 우러러볼 큰 사람이고, 그 집에서 지켜온 전통의 가치가 아름답고 큰 집이며, 집안에서의 비중이 높고, 지역과 나라에 대한 기여가 큰 집이 종가다.

　　대구·경북 지역에는 이런 종가가 유난히 많다. '조선 인재의 절반이 영남에 있다'고 하더니, 탁월한 학문적 역량을 발휘하여 태산처럼 우뚝한 봉우리를 만들어 낸 학자, 발군의 재능으로 관직에 진출하여 국가 경영에 전력을 다한 떳떳하고 유능한 관료, 나라가 어려울 때 초개처럼 목숨을 던져 국난을 극복한 지도자 등 그야말로 한 시대를 풍미한 큰 인물들이 영남지역 골골에서 태어났으며, 이들의 학덕과 업적을 가문의 자랑으로 삼아 오랜 세월 꿋꿋하게 터전을 지켜온 집들이 모두 다 그런 곳이다.

　　양동마을 경주손씨 손소孫昭종가 또한 바로 이런 집 가운데 하나이다. 계유정난癸酉靖難과 단종복위端宗復位의 어수선한 분위기 속에서 이시애의 반란 평정에 앞장섰던 적개공신敵愾功臣 양민공襄敏公 손소孫昭(1433~1484), 아버지의 뒤를 이어서 평생을 국가 경영에 이바지하다 청백리로 봉해진 그 아들 경절공景節公 손중돈孫仲敦(1463~1529), 이 두 분을 집안의 정신적 지주로 삼아 500년이 넘는 세월 동안 변함없이 한 터전을 그대로 유지해 온 집, 그 집이 바로 양동마을 경주손씨 손소종가다.

손소종가는 양동마을에서도 가장 오래된 안골 서백당書百堂이다. 이 집을 가 보면 놀라운 점이 한두 가지가 아니다. 우선 눈에 띄는 것은 건물과 조경의 아름다움이다. 500년이 넘는 세월을 지탱해 왔음에도 불구하고 어떻게 이렇듯 잘 유지하였을까 감탄이 절로 나온다. 집 입구 대문채와 안마당, 안채 등은 말할 것도 없고, 큰사랑과 사랑마루, 마루 앞의 마당과 마당가에 묵묵히 세월을 갈무리하고 있는 향나무 고목, 사당채 앞을 장식한 목련, 매화, 산수유와 배롱나무, 그리고 집 서쪽 방앗간채와 화장실까지 건물과 조경이 어느 곳 하나 흠잡을 데 없을 정도로 깨끗하게 잘 정리되어 있다.

하나 더 놀라운 점은 종가 음식의 정갈함이다. 서백당에 초대를 받아 가면 대부분의 경우 간단한 다과상을 차려 대접하는데, 다기를 비롯한 그릇이 우선 아주 깨끗하고, 떡, 다식, 과일, 건과류 같은 음식물이 간단하고도 정갈하며, 그 모양과 맛 또한 일품이어서 이 집의 높은 품격을 느낄 수 있다. 이런 음식은 대부분

제사 때마다 마련해 둔 것을 잘 보관하였다가 활용하는 것이라고 하는데, 이런 간단한 음식 몇 가지를 통해서도 집주인이 조상을 모시고 손님을 맞는 자세를 미루어 짐작할 만하다.

그런데 진짜 놀라운 점은 이렇게 밖으로 드러난 것에 있지 않다. 수백 년 동안 소중하게 간직해 온 전적과 고문서들에 있다. 국보 제283호 『통감속편通鑑續編』, 보물 제1216호 「손소적개공신화상孫昭敵愾功臣畫像」 등이 바로 그런 것이고, 개인 집으로는 국내에서 가장 많은 조선 전기 고문서를 소장하였던 것이다. 이런 전적과 고문서 중에는 문화재로 지정된 것이 많다. 그러나 『지정조격至正條格』, 『역대군신도상歷代君臣圖像』, 『해동명적海東名迹』, 『김생서법첩金生書法帖』, 송첨삼보松簷三寶 등 아직 지정되지 않은 것 가운데 국보나 보물급이 더 많으며, 「손소적개공신교서孫昭敵愾功臣敎書」, 「손소자녀칠남매화회문기孫昭子女七男妹和會文記」 등 이미 지정된 것 중에도 격을 높여 보물이나 중요민속문화재로 재평가해야 할 것이 많다. 지방문화재급은 그냥 수두룩하다.

손소종가에서 소장해 온 이런 전적과 고문서는 개인 집에 보관하기가 어려워 모두 한국학중앙연구원에 위탁하여 관리하고 있다. 그리고 학술적 활용이 가능하도록 문서 대부분을 영인하여 『한국고문서집성韓國古文書集成』 제32책으로 간행한 바 있으며, 그 가운데 중요한 자료에 대해서는 해제를 진행하고 있는 중이다. 조상의 유품을 소중하게 간직하여 국보와 보물을 만들어 나라에 선사하고, 관련 학계에 더없이 중요한 공헌을 하였으니, 이런 점만으로도 이 집은 특별히 주목할 가치가 있다.

필자가 손소종가에 관심을 가진 지는 꽤 오래되었다. 1984년 결혼을 한 이후 처가가 경주손씨였던 인연으로 처조부로부터 종가 이야기를 몇 차례 전해들은 적이 있었고, 처갓집 서재에서 손소와 손중돈 두 분의 문집인 『양민공집襄敏公集』과 『우재집愚齋集』을 열람해 볼 기회가 있었다. 그리고 1986년 동강서원東江書院의 궁리재窮理齋, 진성재盡性齋 등 양재兩齋와 신도비각을 복원했을 때는 한문학과 교수라는 인연으로 종가의 초청을 받아 복원기념식에 참석해 볼 기회가 있었고, 이후 문화재청 의뢰로 양동마을 고문서를 조사할 때 이 집 전적과 고문서를 직접 조사 정리하기도 하였다.

그러나 당시에는 종가의 중요성을 깊이 깨닫지 못했고, 다른 여러 일에 골몰하느라 종가 문제를 따로 유의할 겨를도 없었다. 그러다가 2000년대 들어 경북대 영남문화연구원의 일을 거들면서 종가를 주목하기 시작하였다. 이때 필자는 영남문화란 어떤 것인가? 영남문화의 근간을 형성하고 있는 핵심적 특징은 무엇일까? 하는 등의 문제에 관심이 있었다. 그리고 곧 이 지역의 학문은 물론 의례, 관습, 복식, 음식 등 거의 모든 문화의 중심에 바로 종가가 자리를 잡고 있다는 사실을 새삼 실감하였다.

그런데 문제는 이런 종가가 어느 곳 할 것 없이 대부분 심각

한 위기상황에 처해 있는 현실이었다. 사람이 살지 않는 종가가 사는 곳보다 더 많고, 덩그렇게 남겨진 건물과 담장이 곳곳에서 무너져 내리고 있었으며, 상례, 제례, 복식, 음식 등 각종 의례와 생활문화 전체가 무너지는 건물과 함께 심각하게 변질되고 사라지고 있었던 것이다. 오랜 세월 영남문화의 중심에 있던 전통적 자산들이 한번 정확하게 기록해 놓을 기회도 얻지 못하고 대책 없이 상실되어 가고 있는, 이런 현실이 매우 안타까웠다.

그래서 당시 영남문화연구원장 백두현 교수와 현재 연구 책임을 맡고 있는 정우락 교수, 이제는 고인이 된 설석규 교수 등 몇몇 분들과 우리지역 종가문화를 기록으로 남길 방안을 찾기 시작하였고, 마침내 2009년 경상북도의 지원을 얻어 경북 100개 종가 기록화 작업에 착수할 수 있었다. 늦었지만 참으로 다행한 일이 아닐 수 없었으며, 필자 또한 자연스럽게 이 연구팀의 일원이 되었다. 손소종가를 이전보다 관심 있게 살펴보기 시작한 것은 이렇게 착수했던 연구가 결정적인 계기가 되었다.

필자는 종가문화 전반에 대한 이해가 그다지 깊지도 못하고, 일반 대중을 상대로 한 쉬운 글쓰기에는 더욱 젬병이나 다름없다. 그래서 연구팀의 일원이기는 하나, 기획과 진행에만 관여하고 직접 글을 쓰는 데는 가능한 참여하지 않기를 바랐다. 그런데 집필 대상을 손소종가로 확정하고 나서는 생각을 바꾸었다. 개인적 인연이 남다른 집이기도 하고, 특히 이 집안 건축과 전적,

고문서 등에 깊은 인상을 가지고 있었기 때문이었다. 그래서 짧은 지식을 무릅쓰고 글쓰기에 나서기로 하였다.

 부족한 지식으로 글을 쓰자니 어려움이 많았다. 게다가 이 집에 대한 연구도 충분치 않았다. 양동마을이 세계문화유산으로 지정되었음에도 불구하고, 종가 인물은 물론, 마을 안 주요 유적과 『해동명적』, 『역대군신도상』 같은 보물급 문화재에 대해서도 연구가 거의 없었다. 그래서 현장과 자료를 찾아보는 데 많은 어려움이 따랐고, 건축, 음식 등 생소한 분야를 다루는 데도 어려움이 많았다. 이런 문제 해결에 도움을 준 백운용 선생 이하 실무 연구팀과 한국학중앙연구원 박경수 군에게 감사드린다.

 그리고 언제나처럼 연구팀을 반갑게 맞이하여 맛있는 다과와 함께 중요한 자료를 제공하고 마음껏 쓸 수 있도록 허락해 준 종손, 종부께 깊이 감사드린다. 아울러 기존 연구와 자료들을 두루 인용하면서도 주석의 제약 때문에 일일이 출처를 밝히지 못한 점 죄송스럽다. 손씨 집안일이라고 답사에 기꺼이 동행해 준 아내에게도 함께 고마움을 전하며, 특히나 좁은 하학재 답사 길은 잊지 못할 추억이 될 듯하다.

2012년 10월
황위주

차례

지은이의 말 _ 4

제1장 양동마을과 경주손씨 _ 12
    1. 삼남의 길지 양동마을 _ 14
    2. 설창산 안골에 터를 잡고 _ 29

제2장 500년 종가를 일궈 온 사람들 _ 44
    1. 공신으로 종가를 연 인물, 손소 _ 47
    2. 그 아버지에 그 아들, 손중돈 _ 58
    3. 종가를 지킨 후예의 후예들 _ 75

제3장 종가의 터전, 생활의 공간 _ 90
    1. 안골 언덕의 서백당 _ 93
    2. 분통골 종갓집 관가정 _ 106
    3. 수운정과 안락정 _ 115
    4. 정충각, 단고사, 낙선당 _ 123
    5. 속수서원과 동강서원 _ 131
    6. 상달암과 하학재 _ 139

제4장 종가의 제례와 음식문화 _ 146

    1. 종가의 연중 제례 _ 149

    2. 불천위를 모시는 절차 _ 154

    3. 영당의 차례, 선영의 묘사 _ 169

    4. 서원 향사에 담긴 뜻은 _ 181

    5. 제사 음식의 이모저모 _ 189

제5장 종가 유품, 문화재가 되다 _ 198

    1. 국보가 된 전적들 _ 201

    2. 보물급 그림과 글씨 _ 208

    3. 보물급 고문서들 _ 221

    4. 송첨삼보와 기타 고문서 _ 230

제6장 종손 종부로 살아가기 _ 234

    1. 종손 종부, 그 삶의 무게 _ 236

    2. 사람이 곧 재산이지요 _ 241

    3. 베푸는 일을 낙으로 삼고 _ 249

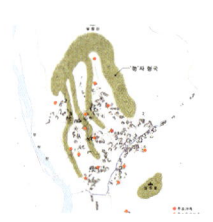

제1장 양동마을과 경주손씨

1. 삼남의 길지 양동마을

　　경주에서 포항 방면으로 7번 국도를 따라 약 15킬로미터 정도를 가면 형산강을 가로질러 놓인 큰 다리가 하나 있다. 경주시 강동면 강동대교이다. 강동대교를 지나 강동 인터체인지(IC)를 빠져나와 28번 국도를 따라 대구 방향으로 약 2킬로미터 정도 더 가면 다시 다리가 하나 더 나온다. 기계와 죽장 방면에서 흘러온 안락천安樂川을 건너 안강읍내로 들어가는 길목의 제2강동대교인데, 안락천은 바로 이 다리 아래를 지나 경주 방향에서 흘러온 형산강 본류와 합류하여 장대한 모습을 연출한다.

　　제2강동대교에서 바라보는 안강읍 주변의 산천 형세는 시야가 탁 트일 정도로 훤하고 아름답다. 다리 북쪽에는 안락천 강물

양동지형도(세계유산신청서)

을 따라 영남지역에서 아주 보기 드문 드넓은 안강평야가 남북으로 길게 펼쳐져 있고, 다리 남쪽으로는 서쪽 하산지와 도덕산에서 발원하여 안강읍을 남으로 감돌아 흐르는 칠평천이 저 멀리 형산강 본류와 합류하는 모습이 장관을 이루고 있으며, 높고 낮은 산과 드넓은 들, 그 들을 감싸고 흐르는 강과 강변 산자락의 촌락들이 그림 같은 모습을 형성하여, 단번에 이곳이 산천이 아름답고 물산이 풍부한 예사롭지 않은 고장이라는 것을 알아차릴 수 있다.

안강은 삼국시대 때 신라 수도 경주에서 가장 가까운 영지 중 하나로, 처음에는 비화현比火縣이라고 하였다. 그러다가 신라가 삼국을 통일한 이후 경덕왕 16년(757) 전국 지명을 개정할 때 안강현安康縣이라 고쳐 지금의 흥해지역인 의창군義昌郡으로 소속 시켰으며, 고려 현종 9년(1018) 군현제도를 개편할 때 이를 다시 경주부 속현으로 삼았다. 그 뒤 고려 공양왕 2년(1390) 감무監務 직책을 두어 잠시 독립 고을로 만든 적이 있다. 그러나 조선왕조 건국 직후인 태조 3년(1394) 이를 다시 본래의 경주부에 소속시켰으며, 이후 줄곧 경주부 속현으로 있었다. 갑오경장(1894) 이후 경주부가 경주군, 경주시 등으로 명칭이 바뀌었지만, 안강이 경주에 속한 사실은 변동이 없었다.

양동마을은 안강들 동쪽 안락천 건너편에 자리 잡고 있다. 정확한 행정구역 명칭은 경주시 강동면 양동리이다. 강동면은 조선 초기 면리제面里制를 시행할 때 안락천 서쪽 강서면과 구분하여 안락천 동쪽에 있다고 해서 그렇게 이름 지었다고 한다. 그리고 양동은 본래 안강읍 북쪽 양월楊月마을 좌측에 있는 곳이라 하여 양좌동楊左洞이라 했는데, 조선 중종 연간에 한자 표기를 양좌동良佐洞으로 고쳤다. '어질 량'(良) '도울 좌'(佐), 곧 '군왕을 훌륭하게 보좌한 어진 신하'를 상징하는 말로, '양월 좌측'이란 지리적 표현과는 달리, 군신 간의 의리와 도덕적 가치를 부각시킨 인문적 표현이다.

양좌良佐란 표기는 중종 5년(1510) 손소孫昭의 5남 2녀가 부친 손소의 재산을 분재하면서 작성한 화회문기和會文記에 처음 등장한다. 손소는 경주손씨 입향조로 세조 9년(1463) 문과에 급제하여 여러 관직을 역임하였고, 세조 13년(1467) 이시애李施愛의 난을 평정한 공으로 적개공신敵愾功臣 2등에 올랐으며, 많은 토지와 노비를 하사받아 이 마을을 반촌으로 만드는 데 선구적인 역할을 하였던 인물이다. 그야말로 '군왕을 훌륭하게 보좌한' 이 마을의 대표적 인물이었던 것이다. 이런 사실을 고려할 때 마을 이름을 양좌동良佐洞으로 고친 것은 손소의 자녀, 그중 특히 벼슬이 높았고 영향력이 강했던 손중돈과 관련이 있을 것으로 추정되는데, 아직 이를 증명할 수 있는 구체적인 근거를 찾지는 못하였다. 아무튼 이렇게 변경한 마을 이름을 조선 말기까지 줄곧 사용하다가 1914년 일제강점기 때 행정구역을 다시 개편하면서 총독부 행정문서에서 중간의 좌佐 자를 빼고 양동리良洞里라고 표기하면서 비로소 양동리가 공식 명칭이 되었다.

  양동마을은 제2강동대교에서 안강읍으로 들어가지 않고 오른쪽 동해남부선 철길 옆으로 난 작은 포장도로를 따라 조금 더 들어가면 있다. 마을 초입의 오른쪽 언덕에는 경주손씨 집안의 안락정安樂亭이 있고, 왼쪽에는 1909년에 설립한 유서 깊은 양동초등학교가 자리하고 있다. 학교를 지나면 비로소 양동골의 본 모습이 나타나는데, 마을에 들어서면 누구나 '지금 같은 문명 세상에 아직 이런 곳이 있었던가?' 하고 눈을 의심할 정도로 고색창연한 옛 반촌班村의 모습에 놀라움을 감출 수 없다. 조선시대

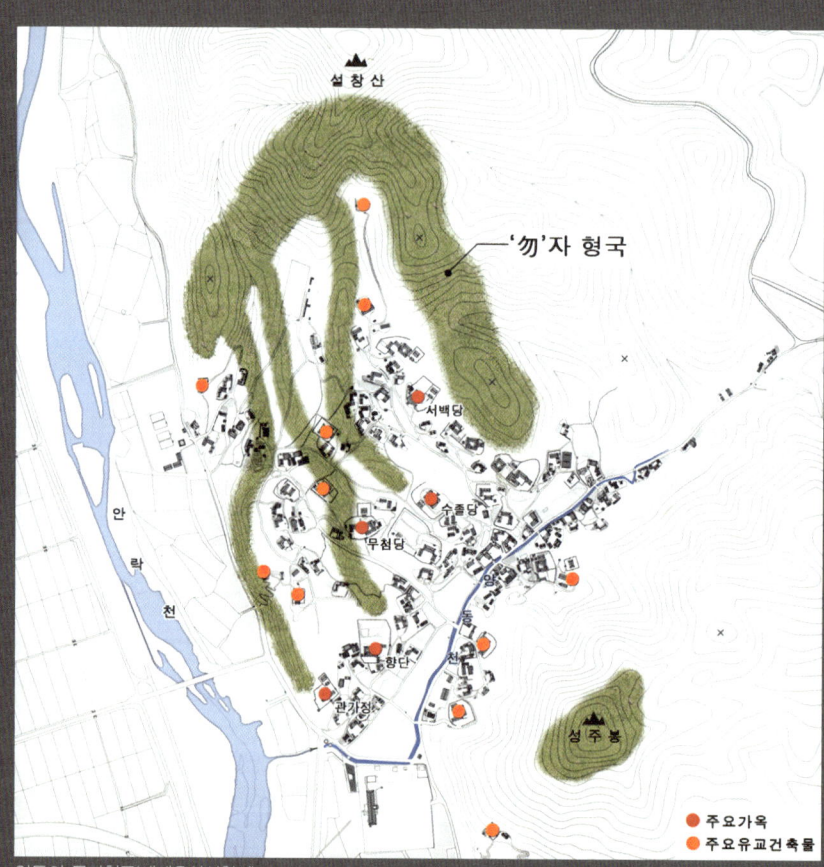

양동의 물자형국(세계유산신청서)

반촌의 모습을 가장 오랫동안 잘 보존하여 마을 전체가 국가 중요민속문화재 제189호로 지정되었고, 영국의 찰스 황태자를 비롯한 수많은 관광객이 찾아들어 국내는 물론 국제적으로 널리 알려졌으며, 2010년에는 안동 하회마을과 함께 유네스코 세계문화유산으로 등재됨으로써 세계적으로 더욱 유명해진, 한국의 대표적인 역사 민속마을이다.

양동마을은 뒤쪽으로 진산인 설창산雪蒼山 종주봉宗主峯(해발 163m)이 단정하게 자리를 잡았고, 앞에는 안산인 호명산虎鳴山 성주봉聖主峯(해발 108m)이 뾰족한 붓 모양으로 나지막하게 솟아 있다. 동쪽 언덕 너머에는 강동면 안계리의 안계저수지가 있고, 서쪽으로는 설창산 절벽 아래로 안락천이 안강평야를 끼고 흐른다. 그리고 안계저수지 쪽에서 흘러온 작은 양동천良洞川이 양동골을 동서로 통과해서 마을 입구 쪽에서 다시 안락천과 합류를 하는데, 이렇게 동서남북으로 자리 잡은 큰 산과 작은 언덕, 넓은 강과 좁다란 개울이 아주 잘 어우러져 멋진 경관을 만들어 내었다.

이 마을은 지형이 물자형국을 하고 있다는 점에 중요한 특징이 있다. 마을 뒤 설창산에서 흘러내린 주능선이 물봉 언덕에 다다라 4개의 작은 능선으로 완만하게 갈라져서 남서쪽으로 나란히 뻗어 내렸는데. 그 형상이 마치 한자의 물勿 자 모양과 흡사하다고 해서 풍수지리상 물자형국勿字形局이라 하였다. 그래서 물勿자의 제일 깊숙한 안쪽에 안골(內谷), 중간 지역에 물봉골勿峯谷,

제일 바깥쪽에 분통골 등 세 골짜기를 형성하였는데, 이 골짜기가 양동마을의 핵심적 주거공간이었다.

물자형국의 지형은 전형적인 장풍국藏風局으로, 풍수지리에서 아주 좋은 길지吉地로 간주한다. 장풍국의 풍風, 곧 바람은 음양의 기운이 조성하는 산천의 원기元氣 혹은 정기精氣를 상징한다. 따라서 장풍국이란 특정 지역 '산천의 정기가 날아가거나 흩어지지 않도록 잘 모아 저장하는 형국'이라 해석할 수 있겠는데, 중국 고대의 풍수이론가인 곽박郭璞(277~324)은 『금낭경錦囊經』이란 책에서 "음양의 정기를 불어 내면 바람이 되고(噫而爲風) 올라가면 구름이 되며(升而爲雲) 내려오면 비가 되고(降而爲雨) 땅속에 운행되면 생기가 된다(行乎地中則爲生氣)", "옛사람들은 이 바람을 모아 흩어지지 않도록 하였다"(古人聚之, 使不散)라고 하여, 산천의 정기가 흩어지지 않도록 잘 막고 모아서 저장하는 형태의 장풍국이야말로 최상의 길지라고 지적한 바 있다.

이런 풍수지리설에 근거하여 이승에서 거주하는 집터(陽基)나 저승에서 거주하는 무덤(陰宅)을 정할 때면 언제나 장풍국을 신중하게 고려하였다. 특정 산천의 기맥이 흐르는 핵심 부위, 곧 혈穴자리를 중심으로 동쪽의 좌청룡左靑龍, 서쪽의 우백호右白虎, 남쪽의 남주작南朱雀, 북쪽의 북현무北玄武 등 동서남북 사신사四神砂가 혈자리 주위에 결집된 정기를 잘 보호하고 저장하는 형국인가 흩어져 날아가게 하는 형국인가, 사신사 밖으로 또 다른 외청룡外靑龍이나 외백호外白虎가 있는가, 있다면 그 모양과 향배向背가 어떠한가 하는 등을 세세하게 살폈으며, 그런 다음에야 비로소 그 사신사의 가장 중심 부위인 혈자리에 집터나 묘터를 잡았던 것이다.

양동마을의 물자형국은 바로 이와 같은 장풍국의 전형적인 형태를 보여 준다. 물勿 자의 첫째 획에 해당하는 산등성이는 우백호가 되어 서쪽 안락천 변을 둘러 마을 입구에서 양동천 수구水口를 가로막았고, 두 번째 획에 해당하는 산등성이는 좌청룡이 되어 동쪽을 둘러 내려와 마을 앞 안산인 성주봉을 형성하였으며, 셋째 획과 넷째 획에 해당하는 산등성이가 그 안에 다시 자리를 잡아 흡사 내청룡內靑龍과 내백호內白虎처럼 마을 안에 결집된 산천의 정기를 한 번 더 감싸 안고 있는 모양이기 때문이다. 그리고 산이 있으면 물이 있고 양陽이 있으면 음陰이 있듯이, 장풍 여부를 판단할 때 산과 동시에 물을 함께 고려하기도 하는데, 양동마을은 서쪽 안락천이 외백호, 동쪽 안계저수지 방향의 하천이 외청룡 역할을 하여 주변을 한 겹 더 감싼 것으로 보기도 한다.

이와 같은 지형지세는 이중환李重煥(1690~1752)이 『택리지擇里志』 「복거총론卜居總論」에서 말한 길지吉地의 조건에도 잘 부합한다. 이중환은 사람이 터를 잡고 살 만한 길지를 고를 때 첫째 지리地理, 둘째 생리生利, 셋째 인심人心, 넷째 산수山水의 4가지를 고려해야 한다고 하였다. 그리고 첫째 지리地理(지형지세)에서는 물길의 출구 모양(水口), 산과 들의 모양(山形), 흙의 색깔(土色), 마을 외곽의 산 너머 산(朝山)과 물 너머 물(朝水) 형태를 살펴야 한다고 하였고, 둘째 생리生利(생활의 편리)에서는 땅이 기름진가(土質), 교통과 교역이 편리한가를 살펴야 한다고 했으며, 셋째 인심人心에서는 인심이 순후醇厚한가, 당색黨色이 어떠한가를 살펴야 하고, 넷째 산수山水에서는 산천의 규모와 경치 거리 등을 살펴야 한다고 하였다. 그러면서 팔도 지리를 상세하게 분석하여 설명하였는데, 주요 논지를 정리하면 대략 아래와 같다.

① 물은 재물의 상징이므로 출구가 막힌 곳이 좋고, 거슬러 흘러드는 물이 있어야 좋다. 이런 곳이라야 대를 이어 갈 터전이 되며, 수구가 엉성하고 널따랗기만 하면 아무리 넓은 땅과 좋은 집이 있어도 후대에 전하지 못하고 흩어진다.

② 큰 들판에 낮은 산이 둘린 곳이 좋다. 진산은 단정하고 아담한 것이 최상이며, 너무 높아 해가 늦게 뜨고 일찍 지는 곳은 볕이 적고 음랭陰冷하여 잡귀가 모이고 병들기 쉽다. 그래서 산골에 사는 것이 들에 사는 것보다 못하다.

③ 땅은 기름진 곳이 제일이고, 배와 수레와 사람과 물자가 모여들어 교역할 수 있는 곳이 좋다. 우리나라는 산이 많고 들이 적어 수레가 다니기에 불편하므로 배에다 물자를 실어 옮길 수 있으면 비용은 적게 들고 이익은 많아 제일이다.

④ 인심은 순후醇厚한 곳이 좋다. 인심이 좋기는 평안도가 제일이고, 그다음이 경상도. 여러 당파가 모여 싸우는 곳보다 같은 당파끼리 사는 곳이 편한데, 아예 이런 사대부가 없는 곳을 가려 문 닫고 초연히 살 수 있는 데가 더 좋다.
⑤ 산수는 정신을 즐겁게 해 준다. 그러나 큰 산은 중이나 도사가 살 곳이지 영구히 살 곳이 못 된다. 바닷가보다는 강가가, 강가보다는 시냇가가 좋다. 집에서 반나절 거리에 경치 좋은 산수가 있어 가끔 시름을 풀 수 있는 자리가 좋다.

이중환의 논지를 참고하면 양동이야말로 바로 이런 조건에 딱 부합하는 최상의 길지라고 할 만하다. 우선 물길이 흘러나가는 수구水口는 '막히거나 역류하는 물이 있어야 좋다'고 했는데, 양동마을은 마을 안쪽을 동서로 흐르는 양동천이 마을 입구에서 안락천에 일차적으로 막혔고, 안락천은 다시 경주에서 강동면 쪽으로 역류하는 형산강에 막혔으며, 건너편 안강들 남쪽에는 양동천과 정반대로 서쪽에서 동쪽을 보고 역류하는 칠평천이 이를 또 가로막고 있는 형상이다. 마을의 수구가 역류하는 큰 하천에 이중 삼중 막혀 있는 셈이다. '큰 들판에 낮은 산이 둘린 곳이 좋다'고 했는데, 마을 바깥 안강평야(55.58㎢)는 신라 수도였던 경주평야(42.90㎢)보다 더 넓고, 진산인 설창산 종주봉은 163미터, 안산인 호명산 성주봉은 108미터로 참으로 아담하고 나지막하며,

주위 어디를 둘러보아도 '산이 너무 높아 해가 늦게 뜨고 일찍 져서 음랭한 곳'이 없다.

이뿐만이 아니다. 이중환은 '배로 물자를 수송할 수 있는 곳이 좋다'고 했는데, 양동마을은 동해안 포항 지역의 각종 해산물과 소금을 형산강과 안락천을 통해 마을 바로 입구까지 수송하여 교역할 수 있는 곳이었다. '당파가 모여 싸우는 곳보다 아예 이런 사대부가 없는 곳이 좋다'고 했는데, 양동마을은 경상도 지역 가운데 당색이 제일 약하고, 주변에서 가장 큰 도회인 경주에서도 15킬로미터 이상 떨어져 '문 닫고 초연하게 살 수 있는 곳'이었으며, '바닷가나 강가보다 시냇가가 좋고, 반나절 거리에 경치 좋은 산수가 있어 가끔 시름을 풀 수 있는 곳이 좋다'고 했는데, 양동마을 주변에는 안강의 자옥산과 도덕산, 연일의 내연산, 경주의 남산과 토함산 등 이런 곳이 많다.

이처럼 양동마을은 물자형국으로 주변 산천의 정기를 잘 갈무리한 장풍국의 전형적인 지세일 뿐만 아니라, 이중환이 『택리지』에서 언급했던 여러 주거 조건을 두루 완비한 대표적인 길지吉地이다. 그래서 조선 후기 학자 정약용丁若鏞(1762~1836)은 『택리지』 발문跋文에서 '주거지가 아름답기는 영남嶺南이 제일'이라 하면서 도산陶山, 하회河回, 천전川前, 유곡酉谷, 오미동五嵋洞, 소호리蘇湖里 등과 함께 양동良洞을 대표적인 길지로 거론하였고, 한국의 풍수지리에 일가견을 갖춰 『조선의 풍수』(朝鮮の風水)란 방대한 저술을 남긴 일본인 학자 무라야마 지준(村山智順) 또한 한국의 주택풍수와 길지吉地를 거론하면서 경주의 양동良洞, 풍산의 하회河回, 임하의 내앞(川前), 봉화 내성의 닭실(酉谷)의 4곳을 삼남의 4대 길지라고 명시하였던 것이다.

양동마을은 이런 풍수지리적 조건을 최대한 활용하여 조성된 곳이다. 물자형국 제일 안쪽에 해당하는 안골 동편에는 경주 손씨 대종가 서백당書百堂과 파종가 낙선당樂善堂이 자리를 잡았고, 중간에 해당하는 물봉골 동편 언덕에는 여강이씨 무첨당無忝堂과 대성헌大聖軒, 서편 언덕에는 설천정사雪川精舍와 영귀정詠歸亭이 자리를 잡았으며, 안강평야가 한눈에 내려다보이는 제일 바깥쪽 분통골에는 두 집안의 관가정觀稼亭과 향단香壇이 나란히 자리를 잡았다. 마을을 조성한 경주손씨와 그 외손 여강이씨의 대표적인 종가 건물들이 이들 골짜기를 중심으로 곳곳에 들어섰던 것이다.

이뿐만이 아니다. 마을 터전이 워낙 좋고 길지였던 만큼 두 집안 후손들 가운데 명망 있는 학자와 관료가 다수 배출되었는데, 이들이 분가를 하면서 양동골 안팎에 경쟁적으로 좋은 집과 정자를 지었다. 마을 초입부터 조금 안쪽 물봉골 입구까지 이른바 아랫마을(下村) 남쪽 언덕(성주봉 북사면)에는 이향정二香亭, 강학당講學堂, 심수정心水亭을 지었고, 그 안쪽 안골 입구의 거림居林 서북쪽 언덕에는 수졸당守拙堂과 양졸정養拙亭을 지었으며, 거림 남

양동마을 전경(문화재청 『양동 서백당』)

쪽 두동골(杜洞谷) 언덕에는 두곡고택杜谷古宅과 동호정東湖亭을 지었고, 양동골 바깥에 가까운 최남단 양동초등학교 건너편 언덕에는 안락정安樂亭을, 서북단 갈구덕 언덕에는 수운정水雲亭을, 최북단 설창산 동쪽 기슭에는 내곡정內谷亭을 지었다. 그리고 이런 집들 사이사이에 수많은 하인들의 가랍집(노비가 거주한 초가집)을 지어 마침내 전형적인 양반촌을 형성하기에 이르렀던 것이다.

  이렇듯 양동골 안팎에 많은 건축물을 앉히면서도 어느 하나 지형지세에 거슬리게 하지 않았으며, 물자형국의 향배를 고려하여 거기에 조화될 수 있도록 하였다. 이런 사실을 단적으로 보여 주는 것이 바로 양동초등학교의 좌향坐向이다. 전통시대 건물은 개인의 주택은 물론이고 큰 규모의 공공건물까지 특별한 경우를 제외하고는 모두 남향으로 앉혔다. 그것이 채광에서는 물론 냉난방과 통풍 등에서도 계절의 변화에 가장 잘 부합하는 방식이었기 때문이었다. 그런데 양동초등학교는 이와 달리 남향이 아닌 동향으로 앉혔다. 물勿 자 아랫부분에 남향으로 집을 지어 일一자로 길게 가로막는 형국을 만들면 물勿 자가 '피 혈'(血) 자로 바뀌어 상서롭지 못하다고 여긴 까닭이었다.

이 외에도 건축을 할 때 풍수지리를 고려한 일화가 여럿 있다. 양동마을의 지형은 일설에 배가 강을 향해 나가는 선유형船遊形이라고도 하는데, 이 때문에 집을 지을 때 지붕을 팔작지붕이 아닌 뱃집(맞배지붕)으로 지었다거나, 우물을 파면 배 바닥에 구멍을 내는 것과 같아서 우물을 파지 않았고, 그래서 크고 작은 강과 시내가 주변에 있음에도 불구하고 식수가 귀하였다고 한 것 등이 다 그런 예이다. 삼남의 대표적 길지답게 수백 년 세월에 걸쳐 자손이 번성하고 필요한 건축을 하였지만, 지형지세에 잘 어우러진 모습을 지키기 위해 부단히 노력하고 절제하였음을 보여 주는 것이다.

그러나 20세기에 들어와서는 양동 또한 여느 마을과 다름없이 큰 상처를 입었다. 일제강점기 때인 1930년대에는 일제가 동해남부선 철도를 부설하면서 마을 코앞으로 철길이 지나가게 만들었고, 한국전쟁 직후인 1957년에는 마을 입구 중심 자리에 교회가 세워져 전통시대 반촌의 모습을 크게 훼손시켰으며, 급격한 산업화의 여파로 마을 사람들마저 하나둘씩 이곳을 떠나, 해방 직후까지만 해도 300여 호에 달하던 가구가 이제는 그 절반도 남지 않은 형편이 되었다. 2010년 세계문화유산 등재를 전후하여 교회를 마을 아래쪽으로 옮기고, 많은 예산을 투입하여 마을 전체를 재정비하여 생기가 도는 듯하지만, 세월의 변화, 가치의 변화, 그리고 생활방식의 도도한 변화 앞에서 망연자실해 하는 모습, 그것이 오늘날 삼남의 길지 양동의 속 모습이라고 해야 할 것이다.

2. 설창산 안골에 터를 잡고

　　손씨는 원래 신라 6성姓의 하나였다. 『삼국유사』「신라시조 박혁거세」조항을 보면, "신라의 옛 땅인 진한辰韓에 양산촌楊山村·고허촌高墟村·대수촌大樹村·진지촌珍支村·가리촌加利村·고야촌高耶村의 여섯 마을이 있었다. 이 여섯 마을의 대표가 알천閼川 언덕에 모여 박혁거세朴赫居世를 맞이하여 신라 시조로 삼았는데, 약 100년 뒤인 노례왕弩禮王 9년(AD32) 여섯 마을 이름을 각각 급량부及良部·사량부沙梁部·모량부牟梁部·본피부本彼部·한기부韓岐部·습비부習比部 등으로 고치고, 이들에게 각각 이李·정鄭·손孫·최崔·배裵·설薛 등 성씨를 하사하였다"라고 하였다. 이것이 신라 6성의 기원인데, 이 가운데 손씨孫氏는 무산茂山

대수촌大樹村, 곧 모량부牟梁部를 생활의 근거지로 삼았고, 촌장 구례마俱禮馬가 그 시조라고 하였다.

『삼국유사』 권5, 「효선孝善」 조항을 보면 또 손순매아孫順埋兒 기사가 있다. 손순孫順이 부모 봉양을 위해 자식까지 생매장하려 했던 사실을 기록한 것인데, 핵심 내용은 대략 이렇다. "손순은 모량리牟梁里 사람이다. 아내와 함께 남의 집 품팔이를 해서 홀어머니를 봉양하였는데, 어린아이가 늘 어머니 음식을 빼앗아 먹었다. 그래서 '아이는 다시 얻을 수 있지만 어머니는 다시 구하기 어려운데, 아이가 음식을 빼앗아 먹어 어머니께서 굶주림이 심하시니 아이를 매장해서 어머니를 배부르게 해야겠다'라고 하였다. 아이를 업고 취산醉山 북쪽 들판으로 가서 매장할 땅을 파다가 돌로 된 종(石鐘)을 하나 얻었는데, 이를 나무에 걸어 놓고 두드렸더니 소리가 좋았다. 그래서 '이 종을 얻은 것은 아이의 복이니 매장해서는 안 되겠다' 하고는 아이와 종을 지고 다시 집으로 돌아왔다. 종을 대들보에 달아 놓고 두드렸더니 그 소리가 대궐에까지 들렸다. 신라 흥덕왕興德王이 그 종소리를 듣고서 사정을 알고는 손순의 지극한 효성에 감탄하여 집 한 채를 하사하고 해마다 벼 50섬을 주도록 하여 그 효행을 표창하였다"라는 내용이다.

시조 구례마俱禮馬가 여타 촌장들과 함께 알천閼川 언덕에서 박혁거세를 맞이한 것은 한漢 선제宣帝 5년(BC. 69)이고, 그 후손이 손씨 성을 하사받은 것은 신라 노례왕 9년(32)이다. 그리고 손순

손순유허지

의 효행을 포상했던 홍덕왕은 신라 제42대 왕으로, 826년부터 836년까지 약 10여 년 간 왕위에 있었다. 또 구례마와 손순 두 사람은 모두 신라 모량부牟梁部 사람이라 하였는데, 학계에서는 모량부를 현재의 경주 서북쪽 건천, 모량, 아화, 현곡 등지로 비정한다. 손순은 이 중 현곡면 소현리(옛 友亭里)에 살았던 것으로 추정하며, 이 때문에 후손들이 소현리에 사당을 짓고 유허비를 세워 그를 기념하고 있다. 경상북도 기념물 제115호 '손순유허지'가 바로 그곳이다. 이 마을을 순정順亭 혹은 손현孫峴이라 일컫은 것도 실상 모두 손순과 관련이 깊다. 이런 사실들을 참고할 때, 손씨는 기원 이전부터 이미 경주 서북쪽 일대에 거주하였고, 손순이 활동한 9세기까지 약 900여 년간 줄곧 이곳을 중심적 터전으로 삼아 생활해 왔음을 알 수 있다.

손순 이후 손씨는 경주慶州, 밀양密陽, 평해平海 등지로 관향이 여럿 나누어졌다. 이런 사실은 조선 후기 학자 성재性齋 허전許傳(1797~1886)이 「손효자유허비명孫孝子遺墟碑銘」에서 개략적 실상을 밝혔다. 허전은 이 글에서 흥덕왕 때 손순이 효자로 표창을 받은 사적을 비교적 자세히 기록한 다음, 그 자손이 경주, 밀양, 평해 등지에 봉함을 받아 경주손씨, 밀양손씨, 평해손씨 등으로 나누어졌다고 하였다. 그리고 나서 경주손씨의 대표적 인물로 사성士晟 · 소昭 · 중돈仲暾 · 계돈季暾 · 시時 · 종하宗賀 · 종로宗老 · 덕승德升 등 9명을, 밀양손씨의 대표적 인물로 긍훈兢訓 · 빈贇 · 약수若水 · 경검敬儉부터 전佺까지 17명을, 평해손씨의 대표적 인물로 순효舜孝를 거론하였다.

그러나 신라 말 손순 이후 고려 말까지 경주손씨의 가계는 정확하지가 않다. 신라가 망하고 고려가 건국되어 경주가 일국의 왕도에서 하나의 변방 고을로 전락함에 따라 일부는 여전히 경주에 거주하였지만, 일부는 관직을 따라 수도 개성이나 여타 지방으로 옮겨 갔을 법한데, 다른 집안처럼 손씨 집안에서도 이런 사정을 밝힌 가계도나 족보를 작성한 적이 없었기 때문이다. 그래서 후대에 족보를 편찬하면서 고려시대 세계世系는 밝힐 수 없다고 누차 언급하였고, 가계를 기술할 때면 의례 신라 모량부

출신이라는 점과 손순의 후예라는 점을 언급하고는 곧장 고려 말로 건너뛰곤 하였다.

　이런 사정은 양동에 입향한 경주손씨의 경우에도 마찬가지였다. 조선 중종 때 김종직金宗直(1431~1492)이 양동 입향조 손소의 묘갈명을 지으면서 그 증조부 손현검孫玄儉부터 가계를 기술하고, 채제공蔡濟恭(1720~1799)이 손중돈孫仲暾의 신도비를 지으면서 같은 방식을 취하였으며, 이형상李衡祥(1653~733)이 손여두孫汝斗의 묘갈명을 지으면서 손현검 바로 윗대인 손경원孫敬源부터 기술한 것이다 그런 사례이다. 그래서 경주손씨 족보에서는 손순 이후 손경원에 이르기까지 고려시대 가계를 모두 생략하고, 아阿, 장藏, 보甫의 3명의 이름만 제시한 뒤, "세 분은 모두 고려조에 큰 벼슬을 하였으나 세계가 자세하지 않아 다만 구보舊譜에 따라 이름만 열거한다"라고 하였다. 여느 집안과 마찬가지로 고려시대까지의 정확한 계보 파악이 어려웠음을 말한 것이며, 그래서 손경원을 1세로 삼아 그 이후 가계를 밝히는 것으로 족보를 구성하였다.

　그럼에도 불구하고 경주손씨가, 밀양·평해·일직·청주 등 여타 관향의 손씨와 달리, 시조 구례마俱禮馬 이래 줄곧 경주 일대에 거주했던 것은 틀림없을 듯하다. 이는 관향을 경주라고 한 사실에 바로 그 증거가 있다. 관향이란 성씨姓氏의 씨氏에 해당하는 개념이다. 그래서 경주손씨는 성이 손孫이고 씨는 경주라 하겠는데, 이것은 손이라는 성으로 경주에 거주한 사람이란 의미와 대동소이하다. 이처럼 부계父系 혈통을 상징하는 성姓 앞에 거주지를 나타내는 씨氏를 따로 구분한 것은 중국의 성씨제도를 도입한 것으로, 원래 지역별 주민 현황을 파악하기 위한 수단의 일종으로 등장한 것이었다. 그래서 우리나라에서도 고려시대까지는 주州·부府·군郡·현縣과 향鄕·소所·부곡部曲 및 촌村별로 나누어 표기하였는데, 바로 여기에 관향의 유래가 있었던 것이다.

관향은 조선 초기에 아주 큰 변화를 겪었다. 지방군현은 물론 향鄕, 소所, 부곡部曲 등을 혁파하거나 이웃 군현에 통폐합하여 관향의 근거지가 사라지는 경우가 속출하였기 때문이다. 그래서 다수의 성씨들이 새롭게 귀속된 군현 명칭에 따라 관향 이름을 바꾸기도 하고, 희귀하고 한미한 성씨는 당초 관향을 버리고 다른 명문대성名門大姓을 따르기도 하였다. 조선 태종 때의 재상 박은朴訔(1370~1422)이 반남현潘南縣이 나주목羅州牧에 통폐합됨에 따라 그 관향을 반남에서 나주로 바꾼 것, 신광진씨神光陳氏가 신광현神光縣의 상위 행정단위였던 경주를 따라 경주진씨慶州陳氏로 개칭한 것 등이 그런 예이다. 경주손씨를 월성손씨月城孫氏라고 일컫는 것도 계림鷄林·동경東京·월성月城 등과 같은 경주의 명칭 변화와 관련이 있을 듯한데, 그렇더라도 월성이 곧 경주의 별칭에 다름 아니기 때문에 이들이 경주 일대에 살았던 사실 자체는 변함이 없었다고 하겠다.

경주손씨가 오래 거주해 온 경주 서북지역, 특히 손순유허지가 있는 현곡면 소현리에서 경주 시내까지는 자동차로 10분 남짓한 거리이다. 그리고 반대편 안강이나 양동마을까지도 15분이면 넉넉히 닿을 수 있으며, 마을 남쪽에 형산강으로 통하는 소현천이 흘러 뱃길로 경주나 안강을 드나들기도 편했을 법하다. 그런데 고려시대까지 경주손씨는 현곡에서 건천에 이르는 경주 부근에 주로 거주하고, 그 반대편인 안강 쪽으로는 진출하지 않았다. 『세종실록지리지』 「안강현」 조항을 보면 안강에 거주한 성씨를 자세히 기록해 놓았는데, 처음부터 이곳에 거주한 토성土姓으로 안安·노盧·김金·황黃·염廉씨, 경주에서 이주해 온 성씨로 최崔·이李씨, 송생松生에서 이주해 온 성씨로 윤尹씨 등은 기록하면서 손씨는 어디에서도 언급하지 않았다. 고려 말까지 손씨가 안강 토성이 아님은 물론, 경주에서 이곳으로 이주한 적도 없었음을 단적으로 보여 주는 것이다.

반면 경주부 조항에는 손씨를 이李·최崔·정鄭·배裵·설薛씨와 함께 경주의 6개 토성土姓 중 하나로 분명하게 명시하였다. 그리고 현존하는 『경주부호장선생안慶州府戶長先生案』에 손씨가 다수 등장하고, 양동에 입향한 손소의 조상도 그 조부 손등孫登의 장인인 박시우朴時遇가 영해부寧海府 호장戶長이었던 점으로 미루어 볼 때 경주부 향리 계층이었을 가능성이 높다. 이와 같은 사실은 이수건 교수가 「양동의 역사적 고찰」이란 논문에서 밝힌 바 있다. 그리고 이수건 교수는 또 "15세기까지 지방의 재지토성在

경주 양동 고지도(『양좌동연구』)

地土姓은 대부분 읍내에 거주하였다"라고 지적하면서, 경주손씨 또한 경주부 향리를 세습하면서 읍내에 거주하였을 가능성이 높다고 하였다. 이런 연구를 참고할 때 경주손씨는 고려말기까지 조상 전래의 터전이었던 경주 서북쪽 일대와 경주 읍내를 중심으로 생활하였고, 이를 벗어나서 안강 방면으로는 진출하지는 않았던 것으로 보인다.

경주손씨가 경주 읍내를 벗어난 것은 족보에 1세世로 표기한 손경원孫敬源의 손자이자 손현검孫玄儉의 아들이기도 한 손등孫登에게서 비롯되었다. 손현검은 등登과 약約 두 아들을 두었는데, 맏아들 손등孫登이 영해박씨 호장戶長 박시우朴時遇의 딸에게 장가들어 처가곳인 상주 중동면中東面으로 옮겨 가 살았다. 손등은 사성士晟·사장士章·사량士良·사녕士寧·사온士溫과

현감 김상질金尙質·만호 권귀형權貴衡에게 시집간 딸 등 5남 2녀를 두었다. 그런데 맏아들 손사성孫士晟이 안동권씨 직장直長 권명리權明理의 딸에게 장가들어 아버지처럼 처가곳인 청송군 안덕면安德面으로 옮겨 가 살았다. 손사성은 또 욱旭·소昭·흔昕·진晉과 정경치鄭卿緇·민홍閔興·이순李淳에게 시집간 딸 등 4남 3녀를 두었는데, 맏아들 손욱孫旭은 딸만 셋을 두었다. 그래서 둘째 손소가 적통을 계승하였는데, 그가 풍덕류씨豊德柳氏 만호 류복하柳復河의 딸에게 장가를 들어 처가곳인 양동마을로 들어왔으니, 그가 바로 경주손씨 양동마을 입향조이다.

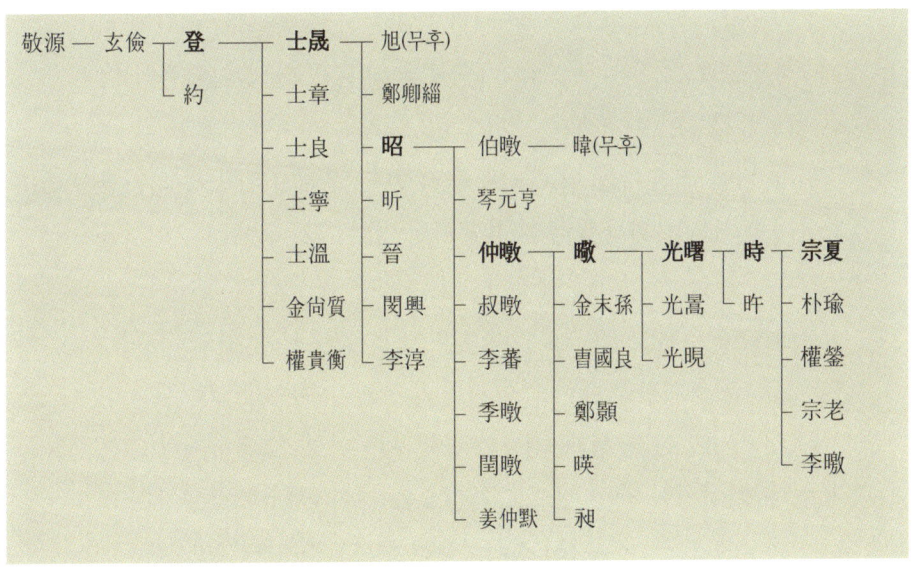

이처럼 경주손씨는 손현검孫玄儉의 맏아들 손등孫登이 상주 중동으로, 손등의 맏아들 손사성孫士晟이 청송 안덕으로, 손사성의 적통을 계승한 아들 손소孫昭가 다시 경주 양동으로 입향하는 등, 집안의 가통을 계승할 장자와 장손이 하나같이 모두 혼인과 동시에 처가곳을 따라 옮겨 사는 모습을 보여 주었다.

이렇듯 처가를 따라 거주지를 옮겨 다닌 것은 손소보다 먼저 양동마을에 들어와 살았던 사람들의 경우도 마찬가지였다. 구전에 의하면 고려시대부터 조선 초기까지 양동마을에는 오씨吳氏, 장씨蔣氏, 류씨柳氏 등이 외손으로 이어 가며 살았다고 한다. 그리고 여주이씨 이광호李光浩가 안강현감으로 부임하여 양동마을에 들어오고, 그 아들 이상도李尙道와 손자 이승평李承平도 여기에 거주하였는데, 풍덕류씨豊德柳氏 류복하柳復河가 다시 이승평의 딸에게 장가들어 이곳으로 들어오고, 손소가 또 류복하柳復河의 사위가 되어 청송에서 이곳으로 옮겨왔다. 그래서 양동은 처가를 따라 들어온 사위들을 통해 마을의 주역이 거듭 교체되는 현상을 보여 주었는데, 이 때문에 양동마을 사람들은 근래까지도 이곳을 농담 삼아 '외손外孫마을'이라 일컫기도 하였다.

그러나 처가를 따라 거주지를 옮기는 것은 실상 고려시대 이래 지속되어 온 솔서제率壻制의 관행 때문이었다. 솔서제란 결혼을 통해 여성이 남성 집으로 들어오는 것이 아니라 남성이 도리어 여성 집으로 들어가서 결국 '장인이 사위를 거느리고 사는 형태'를 의미하는데, 이는 아들딸 구분 없이 재산을 동일하게 상속하였던 자녀균분상속子女均分相續 제도에 그 물질적 기초를 두고 있었다. 그래서 결혼과 동시에 처가곳을 따라가 생활하다가, 처부모가 세상을 떠나면 처가 쪽 유산을 상속받고, 친부모가 세상을 떠나면 친가로 일시 돌아와 장례를 치르고 탈상脫喪을 하고 나서는 다시 상속받은 토지와 노비가 있는 처가 쪽으로 되돌아가서 사는 것이 일반적인 방식이었다.

　이런 솔서제의 관행은 15세기까지만 해도 아주 흔한 일이어서 영남사림파의 대표적 인물이었던 김종직金宗直의 집안조차 예외가 아니었다. 김종직의 부친 김숙자金叔滋가 혼인과 동시에 고향 선산을 떠나 처가곳인 밀양으로 가서 정착하였고, 본가는 매부 강씨康氏에게 물려주었으며, 김종직이 세상을 떠난 뒤에는 그 자녀들이 다시 밀양에서 외가곳인 합천 야로현冶爐縣으로 옮겨가 살았던 것이 그런 예이다. 경주손씨의 양동 입향도 바로 이런 솔서제의 관행에 따라 거주 이동을 여러 차례 반복한 결과였는데, 이런 관행은 손소가 양동에 입향한 이후에도 일정 기간 지속되었다. 손소의 맏아들 손백돈孫伯暾은 우계이씨羽溪李氏 이형수李亨秀의 딸에게 장가들어 이웃 유금리有琴里로 나가고, 회재晦齋 이언적李彦迪의 부친 여주이씨驪州李氏 이번李蕃이 손소의 사위가 되어 들어와 이언적 이후 여주이씨가 이 마을의 새로운 주역으로 부상한 것이 다 그런 예이다.

손소가 양동마을에 입향한 것은 조선 세조 3년, 그의 나이 25세 때였다. 그는 청송 안덕에 살고 있을 때인 단종 원년(1453) 21세의 나이로 점필재 김종직과 함께 생원(3등 제17인)과 진사(3등 제44인) 시험에 모두 입격하였다. 그리고 4년 뒤인 세조 3년(1457) 25세 때 양동에 살고 있던 풍덕류씨豊德柳氏 만호萬戶 류복하柳復河의 딸에게 장가를 들었는데, 『양민공집襄敏公集』에 수록된 「연보」에는 이해부터 곧장 그가 양좌촌良佐村에 들어와 살기 시작하였다고 분명하게 기록해 놓았다.

손소가 양동에 처음 들어왔을 때 처갓집에 살았는지 아니면 지금 종가인 서백당書百堂을 따로 짓고 살았는지는 분명하지 않다. 기존 연구 가운데는 양동에 입향한 바로 그해에 서백당을 지었다 한 경우도 있고, 이와 달리 처음에는 이석종 씨 집 자리에 있던 처갓집에서 살다가 4년 정도 지난 세조 7년(1461) 무렵 서백당을 따로 지었다고 한 경우도 있다. 그러나 풍덕류씨가 만호 류복하의 무남독녀無男獨女였다는 사실과 혼인 후 일정 기간 처가에서 생활하는 것이 일반적 관례였던 당시 혼인풍습 등을 고려할 때 처가에 들어가 살았던 것이 분명할 듯하며, 종손 손성훈孫成熏 선생도 이와 같은 견해를 피력한 바 있다. 그리고 손소는 양동에 들어와서 2년이 지난 세조 5년(1459) 현량과賢良科에 병과丙科 제5인으로 급제하였는데, 이런 큰 경사가 있을 때 재산을 별급別給하거나 집을 지어 기념하는 일이 흔히 있었다. 이런 점을 감안하면 대과에 급제한 다음다음 해인 세조 7년(1461) 무렵 서백당을 지었다는 견해가 훨씬 더 타당성이 있어 보인다.

손소는 양동에 입향한 이후 정치적으로나 경제적으로 경주손씨의 굳건한 기반을 다졌다. 먼저 정치적으로 그는 사헌부감찰司憲府監察을 역임하고 호조참의戶曹參議에 추증된 조부 손등孫登, 병조참의兵曹參議를 역임하고 보조공신補祚功臣 병조참판兵曹參判에 추증된 부친 계성군鷄城君 손사성孫士晟의 적통을 계승하였다. 그리고 스스로 문과에 급제하여 공조참의工曹參議, 안동대도호부사安東大都護府使 등 중앙과 지방 요직을 두루 거쳤고, 이시애의 난을 평정하여 적개공신敵愾功臣 2등에 책봉되었으며, 이조판서吏曹判書, 대사헌大司憲에 4도道 관찰사觀察使를 역임한 아들 손중돈의 공으로 이조판서吏曹判書에 추증되고 양민襄敏이란 시호를 받기도 하였다.

경제적으로도 마찬가지였다. 그는 조부 손등과 부친 손사성

서백당 사랑마당 향나무(문화재청 『양동 서백당』)

이 혼인과 벼슬살이 등을 통해 축적해 온 경제적 기반을 상당 부분 물려받았을 것으로 추정되고, 만호萬戶 류복하의 무남독녀에게 장가들어 그 집안 재산 전체를 고스란히 상속받았으며, 스스로 적개공신 2등에 책봉되고 계천군鷄川君에 봉해짐으로써 공식적으로 기록된 백금白金 25냥兩과 의복, 말 등은 물론 많은 토지와 노비를 하사받기도 하였다. 그래서 이전에 양동마을에 살았던 그 어떤 사람보다 안정된 경제적 기반을 구축하였는데, 그의 5남 2녀 손백돈孫伯暾·손중돈孫仲暾·손숙돈孫叔暾·이번李蕃·손계돈孫季暾·손윤돈孫閏暾·강중묵姜仲默 등이 중종 5년(1510) 부친 손소의 재산을 분재하면서 작성한 화회문기和會文記를 보면 그 규모의 방대함에 놀라움을 감추기 어려울 정도다.

 손소가 세상을 떠나고 자녀들이 재산을 분재한 중종 연간(16세기 초)부터는 솔서제의 관행에 큰 변화가 생기기 시작하였다. 『주자가례朱子家禮』의 시행을 강조하면서, 적장자를 중심으로 한 종통宗統과 종법宗法의 유지 확립을 대단히 중시하고, 이런 일을 감당할 남성, 그중에서도 종통을 계승할 적장자에게 특별히 많은 재산을 분재하였으며, 이에 따라 자녀균분상속이 깨지고, 처가곳을 따라 정착하는 솔서제 관행도 서서히 그 모습을 감추게 되었다. 그래서 혼인을 해도 적장자가 처가곳을 따라 거주지를 옮기는 일이 드물어지고, 동성 형제와 자손들이 적장자의 거주지를 중심으로 생활하면서 동족부락을 형성하였으며, 이때부터 비로소 종가가 등장하기 시작하였다.

　손소의 자손들 또한 이런 추이에 부응하여 양동마을에 정착하기 시작하였다. 손소의 둘째 아들로 적통을 계승한 손중돈은 안강평야가 한눈에 내려다보이는 분통골 언덕에 관가정觀稼亭을 지어 마을 안에 터전을 마련하였고, 셋째 아들 손숙돈도 서백당 북쪽에 집을 짓고(현재의 樂善堂) 그대로 마을에 정착하였으며, 넷째 아들 손계돈 또한 손소가 살던 서백당에 그대로 머물러 살았다. 양동마을이 비로소 손씨 중심의 동성마을로 제 모습을 갖추기 시작했던 것이다. 그리고 이런 사정은 손소의 사위로 양동에 입향한 여주이씨의 경우도 마찬가지였다. 이번李蕃의 아들 이언적, 손자 이응인李應仁, 그리고 이응인의 아들 무첨당無忝堂 이의윤李宜潤·양졸당養拙堂 이의징李宜澄·설천정雪川亭 이의활李宜活·수졸당守拙堂 이의잠李宜潛 등 여러 형제가 모두 마을에 정착하였으며, 그래서 마침내 양동은 손씨와 이씨 두 집안의 집성촌이 되었던 것이다.

　이처럼 양동마을 경주손씨종가는 세조 3년(1457) 손소가 이 마을에 입향하여 안골 동쪽 언덕에 서백당을 건축하면서 형성되었으며, 이후 그가 정치적으로나 경제적으로 이 마을에 살았던 다른 어떤 성씨들보다 군건한 기반을 구축하고, 그가 세상을 떠난 후 솔서제 관행의 점진적 붕괴와 함께 유능한 자손들이 마을을 떠나지 않고 대를 이어 터전을 보존함으로써 생겨난, 오랜 역사적 전통의 산물이었다.

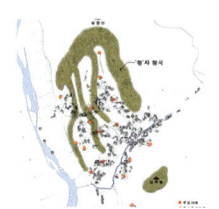

제2장 500년 종가를 일궈 온 사람들

양동마을 경주손씨종가를 처음 개창한 사람은 양민공 손소와 그 아들 경절공 손중돈이다. 그리고 양동마을 홈페이지에는 이 집안의 문과 급제자가 21명, 무과 급제자가 4명, 소과 급제자가 36명으로, 도합 61명이 있다고 하였으며, 약 50여 명의 인물이 문집文集, 유고遺稿, 실기實記 등을 남겼다고 소개한 책도 있다. 경주손씨종가는 손소와 손중돈 이후 종손은 물론 이런 급제자 혹은 문집을 남긴 지도적 인물들이 협력해서 일구어 왔다고 할 수 있겠는데, 그중 활동이 뚜렷한 몇 분만 살펴보기로 하자.

1. 공신으로 종가를 연 인물, 손소

손소孫昭(1433~1484)의 자는 일장日章, 봉호封號는 계천군鷄川君, 시호諡號는 양민襄敏으로, 양동마을에 처음 들어와 정착한 경주손씨 양동 입향조入鄕祖이다. 호는 송재松齋라고 하는데, 석연치 않은 점이 있다. 김종직이 지은 그의 묘갈명에 호를 기록하지 않았고, 또 1982년에 간행한 번역본 문집 범례에 "선생의 호가 송재松齋로 기록된 곳이 몇 군데 보이나 고증할 만한 뚜렷한 문헌이 없어서 표기하지 않는다"라고 했기 때문이다. 그러나 그가 생전에 살던 종가 서백당書百堂 사랑채 마루에 송첨松簷이란 현판이 걸려 있고, 또 종가 대문 왼쪽 기둥에 '양민공송재선생경주손씨종택襄敏公松齋先生慶州孫氏宗宅'이란 현판을 걸어 '송재'를 분명히 명시하였으며, 기타 인명사전류에 그의 호를 '송재'라고 기록한 곳이 다수 있어서, 송재松齋라고 해도 무방할 것으로 보인다.

손소는 경주손씨 세계도世系圖에 일세一世라고 명시한 손경원孫敬源의 고손자이고, 검교중추원부사檢校中樞院副使 손현검孫玄儉의 증손자이다. 조부는 사헌부감찰을 지내고 호조참의에 추증된 손등孫登인데, 호장戶長 박시우朴時遇의 딸에게 장가들어 경주를 떠나 처가곳인 상주 중동中東으로 옮겨 가 살았다. 부친 손사성孫士晟은 세종 5년(1423) 문과에 급제한 뒤 청도와 영천군수를 역임하였고, 집현전부교리로 훈민정음 제정에 참여한 바 있으며, 세상을 떠난 뒤에는 병조참판에 추증追贈되었다. 안동권씨 직장直長 권명리權明理의 딸에게 장가들어 선대와 마찬가지로 처가곳인 청송군 안덕安德으로 옮겨 가 살았다. 손소의 집안은 이처럼 고려 말부터 조선 초기에 걸쳐 처가를 따라 옮겨 가 살면서 경제적인 부와 학문적인 역량을 동시에 축적하였고 이를 기반으로 차츰 중앙 정계로 진출해 나간 전형적인 영남지역의 신흥사대부 가문이라고 할 만하다.

손소는 세종 15년(1433) 청송부靑松府 안덕현安德縣 집에서 손사성과 안동권씨 사이의 4남 3녀 중 셋째로 태어났다. 위로 맏형 손욱孫旭과 누님 한 분이 있었고, 아래로 남동생 둘과 여동생 둘이 있었는데, 맏형이 이시애의 반란 때 딸만 셋을 두고 피살되어 그가 곧 집안 장손이 되었다. 어린 시절 그는 주로 가학家學을 전수받았던 것으로 보인다. 조부가 사헌부감찰을 지냈고, 아버지 또한 문과에 급제한 인물이었으며, 아버지 형제는 물론 자신의 형제가 모두 직장直長, 군수郡守 등 관직을 역임하거나 대과大科 혹은 소과小科에 급제할 정도로 문한이 있는 집안이었기 때문이다. 김종직이 그의 어린 시절을 두고 "태어나면서 영특하고 민첩하였고, 가정에서 가르침을 받았다"(生而英敏, 濡染庭訓)라고 한 것은 그의 공부가 가학에 근거하였음을 단적으로 지적한 말이다.

이런 공부를 바탕으로 그는 단종 원년(1453) 21세 봄에 김종직과 함께 생원 3등 17인과 진사 3등 44인에 입격入格하였다. 생원과 진사는 각각 100명을 뽑는데, 대략 1등이 5명, 2등이 25명, 3등이 70명이었다. 그러니까 그는 생원 100명 중 47등, 진사 100명 중 74등의 성적을 얻어서 생원과 진사 시험에 동시 합격한 셈이다. 양과에 입격하고 4년이 지난 세조 3년(1457) 25세 때 그는 양동에 들어와 살고 있던 풍덕류씨豊德柳氏 만호萬戶 류복하柳復河의 무남독녀에게 장가를 들었다. 그리고 이해에 바로 양동 처가로 거처를 옮겼는데, 이후 자손들이 양동에 자리를 잡아 그 터전을 대대로 지켜감으로써 마침내 그가 경주손씨 양동마을 입향조入鄕祖가 되었던 것이다.

손소는 양동으로 옮겨 오고 나서 2년째 되던 세조 5년(1459) 27세 때 문과文科에 병과丙科 5인으로 급제하였다. 문과는 보통 성적에 따라 갑과甲科 3명, 을과乙科 7명, 병과丙科 23명, 전체 33명

가량을 선발하였다. 그런데 손소가 급제할 때는 갑과를 을과, 을과를 병과, 병과를 정과丁科 혹은 동진사과同進士科라고 일컬었다. 그래서 그가 획득한 병과 5인은 사실상 을과 5인과 마찬가지로, 전체 합격자 33명 중 8등 정도에 해당하는 성적이었다. 이때 김종직도 진사시험에 이어 다시 그와 함께 동방급제同榜及第를 하였는데, 김종직의 급제 성적은 정과丁科 20인으로, 33명 중 30등에 해당한다.

이후 손소는 중앙과 지방의 각종 요직을 두루 역임하여 양동마을에 전례 없는 대표적인 고위 관료가 되었다. 문과에 급제한 직후 승문원 사자관寫字官에 임명되어 당시 승문원 지사知事직을 맡고 있던 아버지 손사성과 함께 근무한 것이 오늘날까지 미담으로 전해 오고 있고, 31세(세조 9, 1463) 때는 사헌부감찰 병조좌랑 홍문관부교리 등을 역임하였으며, 35세(세조 13, 1467) 때는 이시애의 반란 평정에 참가한 공으로 정충출기적개공신精忠出氣敵愾功臣 2등에 책봉되었다. 37세(예종 1, 1469) 때는 부모 봉양을 위해 지방관으로 나가기를 자청하여 경상도 성주목사가 되었고, 40세(성종 3, 1472) 때는 공조참의 이조참판을 역임하였으며, 41세(성종 4, 1473) 때는 다시 지방관으로 나가 안동대도호부사를 역임하였고, 44세(성종 7, 1476) 때는 진주목사가 되었다.

진주목사로 있던 45세 4월 손소는 아버지 계성군鷄城君 상을 당하였다. 그리고 이해 11월 연이어 또 어머니 안동권씨 상을 당

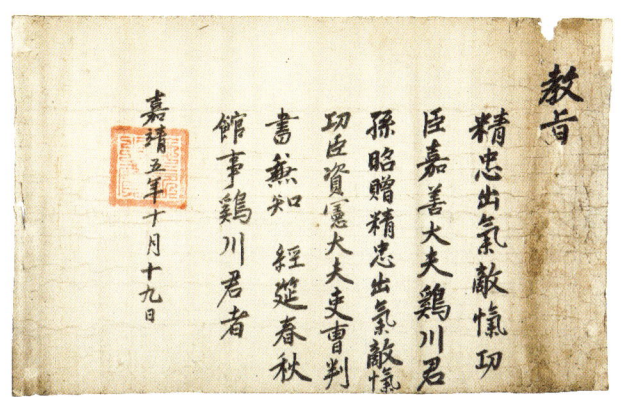

손소 추증교지(『송첨』)

하였다. 그래서 48세 되던 성종 11년(1480)까지 3년가량 본가에서 빈소를 지켰는데, 상주로 생활하는 동안 건강을 크게 다쳤는지 상을 마치고 나서도 벼슬에 나가지 않았다. 조정에 휴가를 내고 양동으로 돌아와 생활하였던 것이다. 이렇게 4년을 지내다가 성종 15년(1485) 3월 52세를 일기로 세상을 떠났다. 그가 세상을 떠나자 성종은 홍문관교리 조위曺偉를 파견하여 치제문致祭文을 보내고, 양민襄敏이란 시호諡號를 하사하였다. 시법諡法에 '양襄'은 '일에 따라 공을 세움'(因事有功)이라 하였고 '민敏'은 '옛것을 좋아하여 게을리하지 않음'(好古不怠)이라 하였으니, 그의 평생 공적을 함축한 이름이었다. 이해 6월 홍해군 달전리達田里 도음산禱陰

山 기슭에 장사 지냈는데, 묘갈문墓碣文은 30년 지기知己 김종직이 지었다. 이후 중종 21년(1526) 아들 손중돈이 귀하게 되어 자헌대부 이조판서 겸 지경연춘추관사로 추증되었다.

손소는 관직에 있을 때 문학과 경학 방면에 특히 뛰어난 능력을 보여 주었다. 대과에 급제하고 4년이 지난 세조 9년(1463) 관료를 대상으로 한 문예시文藝試에서 장원급제한 것을 비롯하여, 이듬해에는 왕이 직접 출제한 문제에 책문策文을 지어 성적이 탁월한 11명 중 한 사람으로 뽑혔고, 나이 젊고 문예가 출중한 인물을 선발하여 예문관藝文館 직책을 겸직하도록 할 때는 류윤겸柳允謙, 홍귀달洪貴達 등 당대의 일급 문사 18명과 함께 겸예문兼藝文에 선발되기도 하였다. 그리고 세조가 최항崔恒의 건의에 따라 고려시대 때 시행한 바 있던 문신월과법文臣月課法을 다시 부활시켰는데, 이 법은 매달 초하루와 보름에 글제를 내어 관리로 하여금 시문을 짓게 하고, 그 성적을 종합 평가하여 승진에 반영함으로써 관리들의 문예역량을 신장시키고자 한 제도였다. 그런데 세조 10년(1464) 9월 손소가 바로 이 부문의 성적 우수자로 뽑혀 1계급 특진하였던 것이다.

그가 경학에 탁월한 능력이 있었음은 『승정원일기』에 자세하다. 『승정원일기』를 보면 세조 10년(1464) 10월 "왕명을 받아 『주역구결』을 강론하였다", 세조 11년(1465) 7월 "비현각丕顯閣에서 왕을 모시고 『주역구결』을 토론하였는데 왕이 그 발군의 실력을 칭찬하였다", 11월 "왕이 불러 『주역구결』을 토론한 다음 '이 사람이 주역에 정통하여 진실로 가상하고 기쁘다'고 하였다", 세조 12년(1466) 2월 "왕이 사서오경四書五經 구결을 가져 나오도록 하여 손소 등으로 하여금 교정하게 하였다", 윤3월 "왕이 화위당華韡堂에서 손소 등을 불러 심心과 정情의 발현에 대하여 질문하고 사슴가죽 1장씩을 선물로 주었다"라고 하는 등 그가 경학에 정통하였음을 보여 주는 사례가 곳곳에 있다.

손소는 지방관으로서도 대단히 성공한 인물이었다. 성종 2년(1471) 성주목사의 임기를 마치고 서울로 돌아가게 되었을 때 성주고을 백성들이 진정서를 올렸다. 진정 내용은 대략 "목사 손소가 백성을 보살핌이 근래에 없던 바입니다. 지난해 기근이 들었을 때 굶주림을 면할 수 있게 해 주어서 백성들이 부모처럼 사랑하였고, 금년에 또 흉년이 들었지만 마음을 다해 구휼하여 백성들이 그 덕분에 살았습니다. 지금 임기가 만료되어 돌아가야 한다고 하니, 그대로 유임할 수 있게 해 주십시오"라는 것이었다. 그래서 왕이 이런 진정 내용을 보고받고 그대로 유임하도록 조치했다고 하는데, 아주 간단한 일화에 불과하지만 그가 지방관으로 크게 성공하였음을 보여 주는 것이다. 김종직은 이런 그의 지방관 생활을 종합적으로 평가하여 "청렴하고 명철하고 자애롭고 관대하였다"(廉明慈恕)라고 하였고, 또 "큰 고을 세 곳을 연이어 다스림에 그 정치가 시종 한결같아서 떠난 뒤에도 아전과 백성들이 오래도록 그리워하는 마음을 가졌다"라고 하였다.

그러나 그가 수행한 일 가운데 무엇보다 두드러진 것은 이시애李施愛의 반란 평정에 참여한 일이었다. 이시애의 반란은 세조 13년(1467) 함경도 토호 출신 이시애가 중앙정부의 함경도 토호세력에 대한 통제권의 강화 등에 반발하여 동생 이시합李施合, 매부 이명효李明孝 등과 함께 모의해서 일으킨 반란으로, 이시합이 길주吉州에서 순찰 중에 있던 함경도절도사 강효문姜孝文을 습격 살해하면서 촉발되었다. 이때 조정에서는 종친 구성군龜城君 이준李浚을 병마도총사로 삼아 토벌군대를 편성해 보냈는데, 손소는 평로장군平虜將軍 박중선朴仲善의 종사관從事官으로 참여하게 되었다.

손소가 토벌에 참여한 데는 나라의 위기를 좌시할 수 없는 공직자로서의 사명감 외에 개인적으로도 매우 절박한 이유가 하나 더 있었다. 친형 손욱孫旭이 함경도에서 이시애의 동생 이시합에게 피살되었다는 보고가 있었기 때문이었다. 손욱은 당시 형조 정랑 벼슬을 하고 있었다. 그런데 그해 4월 함경도에 심각한 옥사獄事가 발생하여 조정에서 경험 많은 그를 함경도로 파견하였는데, 현지에서 반란 소식을 듣고 관찰사觀察使 신면申㴐, 도사都事 박종문朴宗文 등과 대응책을 강구하다가 함흥咸興에서 피살당했다. 손소는 이 소식을 접한 뒤 박종문이 자신을 종사관으로 추천하자 곧바로 흔쾌하게 수락하고 토벌에 참여하였으며, 토벌이 끝난 뒤에는 마침내 시체 더미 속에서 형의 시신을 찾아내어 고향으로 운구하였다가 이해 10월 영천 노루목(獐項)에 장례하였다.

세조 13년(1467) 7월 반란이 일차 평정된 뒤 세조는 손소를 불러 저간의 구체적인 진압 상황에 대하여 세세하게 물어보았다. 이에 손소가 자세하게 대답하니, 왕이 가상하게 여겨 1계급 특진시키고 내탕고에서 활과 칼을 내어 오게 하여 마음에 드는 것을 가져가라고 하였다. 그리고 같은 해 9월 난이 완전히 평정된 뒤 정충출기적개공신精忠出氣敵愾功臣 2등에 책봉하고, 11월 공신교서功臣敎書를 하사하였는데, 이 공신교서에 그가 세운 전공戰功의 대강은 물론 각종 포상 내역을 비교적 자세하게 적어 놓았다.

> 그대를 적개敵愾 2등 공신에 책봉한다. 각閣을 세워 초상화를 그리고, 비碑를 세워 공로를 기록하며, 부모와 처자에게 벼슬을 주되 2계급씩 올려 주고, 자식이 없으면 생질이나 사위를 한 계급씩 올려 준다. 적장자嫡長子는 대대로 그 녹봉을 세습하여 상실치 않도록 하고, 자손은 정안政案에 '적개 이등공신 손소의 후손'이라고 기록하여 비록 죄가 있더라도 영원히 용서한다. 그리고 반당伴倘(심부름꾼) 8인, 노비 10구, 구사丘史(지방관청노비) 5구, 전답 100결結, 은 20냥, 옷 1벌, 말 1필을 하사한다.

공신교서에 기록된 바와 같이 손소는 적개공신 2등에 책봉됨으로써 정치적 경제적 사회적으로 이전과 비교할 수 없을 정도로 확고한 입지를 마련할 수 있었다. 선대의 관직을 두 계급씩 높일 수 있었을 뿐만 아니라, 적장자가 자신의 녹봉을 대대로 세습할 수 있는 특권을 부여받았고, 많은 돈과 노비는 물론 100결에 달하는 전답을 새롭게 확보하였다. 『경국대전經國大典』「호전戶典」양전量田 조항에 1결結은, 곡식 수확량을 기준으로 할 경우, 100짐(負)의 소출이 나는 땅을 가리킨다고 하였으니, 100결은 곧 그 100배에 해당하는 곡식 1만짐(負)을 수확할 수 있는 땅이다. 그리고 면적을 기준으로 할 경우, 1결結은 토지의 비옥 정도에 따라 1등(38畝), 2등(44畝), 3등(54畝), 4등(69畝), 5등(95畝), 6등(152畝) 등으로 다양한데, 8식구 1가구가 평균 100무畝를 경작한 것을 감안하면, 100결結은 거의 100가구가 농사지어 먹고살 수 있을 정도에 해당하는 땅이다.

손소가 공신이 됨으로 인해서 얻을 수 있는 혜택은 여기에 그치지 않았다. 나라에서 자신의 초상화를 그려 보관하게 하였고, 그 공적을 비석에 새겨 세우도록 하였으며, 자손이 혹 죄를 짓더라도 영원히 용서하게 하여 사회적으로 매우 명예로운 입지를 보장해 주었다. 그리고 공신 책봉에 감사드리는 사은謝恩 자리에서 왕이 백금百金 25냥을 하사한 것을 비롯하여, 회맹會盟이나 잔치 자리가 있을 때마다 후한 상을 주었는데, 오늘날까지 종가에 모시고 있는 손소의 화상을 비롯하여 산호영珊瑚纓(산호 갓끈), 옥연적玉硯滴(옥 재질의 연적), 상아장도象牙粧刀(칼집을 상아로 장식한 장도) 등 이른바 송첨삼보松簷三寶라 일컬어지는 것도 모두 이런 과정에서 획득하였던 것이다.

손소는 이처럼 중앙관직에서는 물론 영남 주요 고을의 지방관으로서도 크게 성공하였고, 적개공신 2등에 책봉되어 정치적으로나 경제적 사회적으로 확고한 기반을 마련할 수 있었다. 그리고 살아서는 국가에 현저한 공이 있는 사람을 지방 제후처럼 봉해 주는 봉작封爵제도에 따라 계천군鷄川君이란 봉호封號를 받았고, 죽어서도 또한 국가에 특별히 공이 있는 사람에게 별호別號를 부여하는 시호諡號제도에 따라 양민襄敏이란 시호를 받았으며, 세대의 변화와 무관하게 영원히 제사를 모시는 불천위不遷位 사당의 주인공이 되어 마침내 양동마을 경주손씨 집안을 반석에 올려놓았던 것이다.

2. 그 아버지에 그 아들, 손중돈

손중돈孫仲敦(1463~1529)의 자는 태발泰發, 호는 우재愚齋, 봉호는 월성군月城君, 시호는 경절景節이다. 세조 9년(1463) 8월 경주 양동마을 서백당 안채에서 아버지 손소孫昭와 어머니 풍덕류씨豊德柳氏 사이의 5남 3녀 중 셋째로 태어났다. 위로 맏형 손백돈孫伯敦과 봉화 금원형琴元亨에게 시집간 누님 한 분이 있었고, 아래로 숙돈叔敦·계돈季敦·윤돈閏敦의 남동생 셋과 이번李蕃, 강중묵姜仲默에게 시집간 여동생 둘이 있었는데, 맏형이 우계이씨羽溪李氏 이형수李亨秀의 딸에게 장가들어 이웃 유금리有琴里로 나가 살다가 후손 없이 세상을 떠나니, 그가 집안의 대를 잇는 장손이 되었다.

손중돈은 아버지와 마찬가지로 어린 시절 주로 그 부친을 통해 가학家學을 전수받았던 것으로 보인다. 이와 같은 사실은 그의 생질 이언적李彦迪(1491~1553)이 제문祭文에서 "일찍이 부친의 가르침을 받들어 독실하게 학문을 하였고, 마침내 우뚝 수립하여 선대의 업적을 빛내었다"라고 지적한 점을 통해 분명하게 확인할 수 있다. 그리고 『우재연보愚齋年譜』에는 그가 부친의 30년 지기知己 점필재 김종직金宗直(1431~1492)의 문하

손중돈 화상(국립중앙박물관)

에 들어가서 학문의 큰 방향(爲學之大方)을 들었다고도 하였는데, 구체적으로 언제 입문하여 어떤 내용을 배웠는지는 전혀 언급하지 않았다.

　　김종직은 세조 11년(1465) 경상도병마평사慶尙道兵馬評事로 왔을 때 경주향교 가을 석전대제釋奠大祭의 초헌관初獻官으로 참석한 바 있다. 이때 손소를 방문했을 법한데, 당시 손소는 병조정랑으로 서울에 있었고, 손중돈의 나이 겨우 3살이었으니, 입문을

거론할 형편이 아니었다. 다른 하나는 예종 1년(1469) 손소가 성주목사로 부임했을 때인데, 이듬해(1470) 겨울 김종직이 가까운 함양군수로 부임하여 김굉필, 정여창 같은 많은 제자를 양성한 바 있다. 그러나 이때도 손중돈은 아직 9살의 어린이였고, 그나마 1년 남짓 후에는 손소가 공조참의가 되어 서울로 갔기 때문에 입문 가능성이 희박하다. 마지막 가능성은 성종 8년(1477) 김종직이 선산부사로 부임했을 때인데, 이때는 손소가 친상親喪을 당해 경주에 머물고 있었고, 손중돈의 나이도 15세를 넘어 입문 가능성이 없지 않다. 그러나 아직까지 이를 입증할 수 있는 구체적 근거는 확인되지 않았다.

　손중돈은 성종 14년(1483) 생원시에 2등 20인으로 입격하였다. 생원시는 1등 5인, 2등 25인, 3등 70인 도합 100명을 선발하였는데, 이를 감안하면 그의 성적은 전체 100명 중 25등 정도에 해당하는 셈이었다. 그가 생원시에 입격하였을 때 김종직은 승정원 동부승지, 우부승지 등의 직책을 맡고 있었다. 그리고 이듬해 성종 15년(1484) 좌부승지를 거쳐 10월 이조참판 겸 지성균관사知成均館事로 성균관의 일을 잠시 맡았는데, 손중돈은 이에 앞서 3월에 부친상을 당해 양동으로 내려왔다. 그래서 이때도 실상 그가 김종직 문하에서 직접 공부할 기회는 없었던 듯하다. 다만 그가 맏형 손백돈 등과 함께 김종직에게 편지를 보내 돌아가신 아버지의 묘갈墓碣을 부탁한 것으로 보아, 이즈음 부친과 김종직의 남다른 교분을 알고 많은 자문을 받았음은 분명한 듯하다.

손중돈은 이처럼 조부 손사성孫思晟과 부친 손소孫昭가 양 대에 걸쳐 내리 문과에 급제하였던 가학의 전통을 계승하고, 부친의 30년 지기知己인 김종직의 직·간접적 지도를 받아 학문을 성숙시켜 갔던 것으로 판단된다. 그

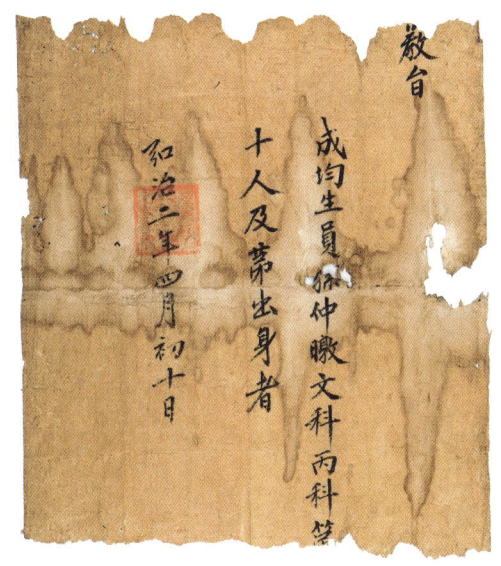

손중돈 문과급제 홍패(『송첨』)

래서 성종 17년(1486) 부친의 삼년상을 모두 마치고 다시 3년이 지난 성종 20년(1489) 27세의 나이로 문과 병과丙科 18인으로 급제하였으니, 성적은 전체 33인 중 28등에 해당하였다.

손중돈은 문과에 급제한 이듬해인 성종 21년(1490) 28세 때 경주 주학훈도州學訓導로 벼슬을 시작하였다. 그래서 연산군 10년(1504) 갑자사화甲子士禍가 일어날 때까지 비교적 순탄한 관직생활을 하였다. 중앙관청에서는 성균관학유·중학훈도·예문관검열(29세), 예문관봉교(31세), 성균관전적·사헌부감찰·형조좌랑(32

세), 성균관직강 겸 종학전훈·사간원헌납·호조정랑(35세), 성균관사예·장악원첨정·사헌부장령·예빈시부정(41세) 등 각급 관청의 주요 요직을 두루 역임하였고, 특히 성균관成均館·중학中學·종학宗學 등 학문과 교육에 관련된 기관에 많이 근무한 점이 특징적이다. 그리고 지방직으로는 연산군 1년(1495) 33세 때 경상도도사로 1년 남짓 근무한 적이 있고, 연산군 3년(1497) 35세 때는 노모 봉양을 이유로 경상도 양산군수梁山郡守로 내려가 약 6년간 근무하였다. 정치적으로 매우 혼란했던 연산군 초기에 이렇게 외직에 나가 근무함으로써 그는 큰 재앙을 면할 수 있었다. 연산군 4년(1498) 류자광, 이극돈 등이 김종직의 사초史草를 문제 삼아 무오사화戊午士禍를 일으켰을 때 수많은 신진사류新進士類가 화를 당하였음에도 불구하고 그가 이런 대재앙의 예봉을 피해 갈 수 있었던 것은 사실상 이와 일정한 관련이 있다.

그러나 연산군 10년(1504) 갑자사화가 일어났을 때는 그도 화를 면하지 못하였다. 갑자사화는 연산군이 생모 윤씨尹氏 폐비廢妃사건을 재론하여 이에 연루된 훈구대신을 대대적으로 숙청함과 동시에 잔존 사림파마저 철저하게 제거함으로써 자신에 대한 견제세력을 일망타진하고자 한 것이었다. 사건이 일어났을 때 손중돈은 양산군수 임기를 마치고 조정으로 돌아왔다가 1년가량 지나 다시 김해도호부사로 나가 있는 상태였다. 그런데 부임한 지 1년도 안 된 이해 11월 갑자기 김해에서 의금부로 압송되었고, 여러 날 구류되었다가 결국 곤장 100대를 맞고 현직에서 파직을 당하였다.

연보에는 이렇게 된 이유가 '언관言官으로 있을 때 거슬린 말을 했기 때문'이라 하였다. 언관이란 국가 언론기관인 사간원司諫院 관리를 말한다. 손중돈은 연산군 3년(1497) 6월 잠시 조정에 돌아와 있을 때 사간원헌납司諫院獻納직을 맡은 적이 있다. 이때 그는 연산군의 처남이자 권력 실세였던 신수근愼守勤을 탄핵한 바 있다. 신수근이 홍문관부교리를 추천하면서 3배수 추천 규직을 어기고 처남 한훈韓訓을 단독 추천한 것을 지적하여 국문鞫問하라고 주장하였고, 이 일과 관련한 연산군의 처사를 비판하여 "대신들과 의논해서 처리하지 않고 단독으로 결단하여 사심이 있다는 인상을 면치 못할까 두렵다"라고 하였으며, 신수근의 장인이자 한훈韓訓의 아비인 한충인韓忠仁의 자질을 문제 삼아 파직시키라고 주장하기도 하였다. 권력 실세를 상대로 직언을 감행하여 언관의 직분을 다하였는데, 7년이 지난 갑자년 새삼 이를 빌미로 삼아 파직시킨 것이다.

그러나 이런 상황은 오래 가지 않았다. 파직된 바로 다음 해(1506) 박원종朴元宗, 류순정柳順汀, 성희안成希顔 등이 연산군을 폐위시키고 중종을 새롭게 옹립한 중종반정中宗反正을 일으켰기 때문이다. 중종반정 이후 손중돈은 다시 등용되어 고위 관직을 두루 역임하였다. 지방관으로는 중종 1년(1506) 상주목사에 부임한 것을 비롯하여, 경상도(1515)·함경도(1518)·충청도(1520)·전라도(1522) 등 4도 관찰사 겸 병마절도사를 역임하여 사재四宰란 별명을 얻었고, 중앙관직으로는 사간원 대사간(1513)·승정원 도승지(1514)·사헌부 대사헌(1520·1524·1526)·예조참판(1525)·공조판서(1526)·이조판서(1526·1528)·기타 경연 참찬관(1509)·춘추관 수찬관(1509)·첨지중추부사(1514)·예문관 직제학(1514)·한성부판윤(1526)·오위도총부 부총관(1515)·세자우부빈객(1520)·지의금부사(1527)·의정부 우참찬(1527) 등 요직을 두루 역임하였으며, 중종 12년(1517)에는 성절사聖節使로 중국을 다녀오기도 하였다. 모친상을 당했을 때(1510~1512)의 약 3년 정도를 제외하고는 줄곧 관직에 있었고, 기묘사화(1518) 때도 사임하지 못하고 함경도관찰사(1518), 사헌부 대사헌(1520), 충청도관찰사(1520) 등을 역임하였다. 그야말로 아버지 손소와 비교할 수 없을 정도의 화려한 관직으로 승승장구하였던 것이다.

중앙관직에 있을 때 손중돈은 주로 서울 남산 도봉道峰 아래 따로 마련해 둔 집에 거처하였다. 이 집은 중종 13년(1518) 기묘사화己卯士禍가 일어났을 때 험하게 돌아가는 정국 상황을 염려하여 병을 칭탁하고 관직에서 물러나려고 하였지만 여의치 않자 부득이 셋집으로 마련한 것이라고 하는데, 처마 밑에 기이한 바위가 있어서 이를 직접 객거암客居嵒이라고 이름 지었고, 퇴근하면 여기에 관복을 걸쳐 놓고 명아주 지팡이를 짚고 왕래하면서 산야山

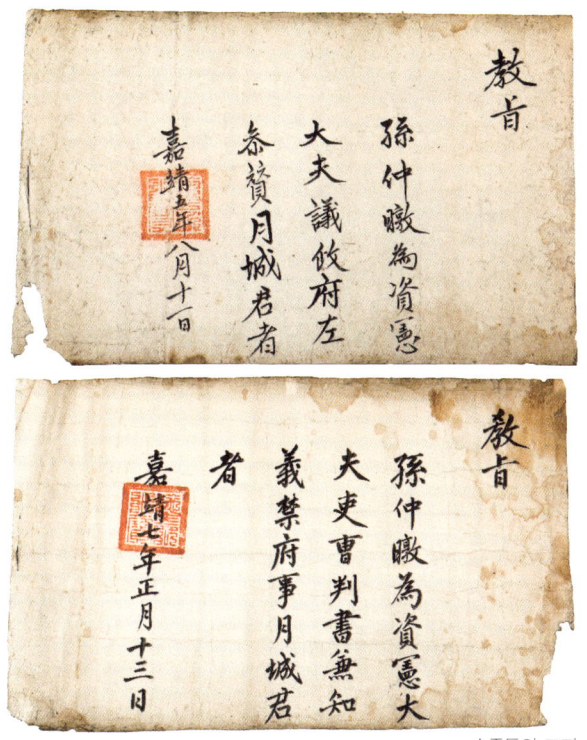

손중돈의 교지

野의 취미를 즐겼다는 일화가 전해 오고 있다. 그리고 이후 영남 지역의 대표적 후배 학자들인 봉화의 충재忠齋 권벌權橃(1478~1548), 경주의 회재晦齋 이언적李彦迪(1491~1553), 안동의 백담栢潭 구봉령具鳳齡(1526~1586) 같은 유명한 학자들이 서로 이어 가면서 이곳에 거주하여 후대에 더욱 유명한 집이 되었다.

손중돈은 이조판서로 재직하고 있던 중종 24년(1529) 4월 9일 평소 거처하던 서울 집에서 향년 67세를 일기로 세상을 떠났다. 세상을 떠날 때 하늘에 해무리가 나타났다고 하는데, 연보에는 "선생의 어머니 정부인貞夫人 류씨柳氏가 태양이 품안에 들어오는 꿈을 꾸고 선생을 낳았는데 돌아갈 때 해무리가 나타났으니 이 또한 이상한 일이 아닌가?"라고 이 사실을 특별하게 기록하였다. 이해 5월 중종이 예조정랑 김헌윤金憲胤을 통해 제문祭文을 보냈고, 6개월 뒤인 10월 홍해군 하달전리 도음산에 장례하였다. 무덤 앞 비석 묘갈墓碣은 묵재默齋 홍언필洪彦弼(1476~1549)이 지었고, 무덤 앞에 묻는 묘지墓誌는 당대 문장가 용재容齋 이행李荇(1478~1534)이 지었으며, 일생을 기록한 행장行狀은 생질 회재晦齋 이언적李彦迪이 지었다. 4년 뒤 중종 28년(1533) 나라에서 경절景節이란 시호를 내리니, 시법諡法에 '의로운 일로 세상을 구제함'(由義而濟)을 경景이라 하고, '청렴함을 좋아하여 스스로 잘 지켜냄'(好廉自克)을 절節이라 한다고 하였다.

손중돈은 성종조 이래 한층 심화되기 시작한 신유학新儒學의 학문적 지식과 논리에 근거하여 관직에 진출하고 활동하였다. 그래서 애초 유가 경전에 대한 지식을 시험하는 생원과生員科에 응시하였고, 문과에 급제하고 난 뒤에도 경주 고을 주학훈도州學訓導(1490)에서 벼슬을 시작하여 성균관成均館 중학中學 종학宗學 등 학문과 교육에 관련된 기관에 여러 차례 근무하였다. 중종반정 이후 중앙관직에 근무할 때도 누차 경연經筵 참찬관參贊官으로 참여하여 국왕 앞에서 김안국金安國(1478~1543) 등 당대 석학들과 경서를 토론하였고, 이때 『대학大學』, 『중용中庸』 같은 경전의 독서를 거듭 권하였으며, 가례家禮, 향음주례鄕飮酒禮, 향사례鄕射禮 같은 예법의 시행을 강조하여 성리학적 윤리관을 확대 실천코자 노력하기도 하였다. 당연한 귀결이지만, 이런 논리는 결국 불교배척으로 이어지기도 하였는데, 연산군 3년 7월 16일부터 8월 8일까지 약 20일에 걸쳐 4차례나 상소문을 올려 사찰의 혁파와 승과僧科의 폐지를 주장한 것은 특히 유명한 일이다.

손중돈은 이런 학문적 역량을 바탕으로 아버지 손소와 마찬가지로 지방관으로서나 중앙관료로서나 모두 성공하였다. 중앙관료로 성공한 것은 그가 맡았던 여러 핵심 요직을 통해 바로 알 수 있지만, 지방관으로 성공한 것도 여러 문헌에 두루 기록되어 있다. 연산군 3년(1497) 양산군수로 나가 약 6년간 근무할 때 "고을을 다스림이 청렴하고 공평하며 어질고 관대하여 아전과 백성들이 모두 사랑하고 감복하였다", 중종 10년(1515) 경상도관찰사로 나갔을 때 "청백리로 선발되어 표리表裏 1벌을 하사받았다", 중종 13년(1518) 함경도관찰사로 나갔을 때 "백성들의 힘을 빌리지 않고 만세교萬世橋를 놓아 주어서 백성들이 비석을 세워 칭송하였다"라는 등이 모두 그런 예이다.

중종반정 직후(1506) 상주목사로 근무한 일은 그 가운데서도 특히 유명하다. 그가 상주목사로 근무한 3년 동안 연산군 당시의 그릇된 악습을 제거하고 고을 백성들이 자신들의 잃었던 생업을 되찾아 주었다고 하여 단밀현丹密縣에 생사당을 세우고 초상화를 그려 제사를 드리기까지 하였기 때문이다. 이 일은 경상감사를 통해 바로 조정에 보고되었는데, 보고를 받은 중종은 "근실하게 공무를 수행하여 혜택이 백성들에게까지 미치니 내가 이를 심히 아름답게 여긴다"라는 요지의 표창장과 관복 1벌을 하사하였고, 그 공로로 1계급 특진시키기도 하였는데, 『중종실록』에는 이를 이렇게 기록하였다.

> 상주목사 손중돈은 계천군鷄川君 손소孫昭의 아들이다. 양산 군수와 김해군수를 역임하면서 곳곳마다 칭찬이 있더니, 이제 그 훌륭한 정치의 효과가 더욱 드러났다. 그 아비 손소가 일찍이 수령이 되어 다스린 솜씨가 좋아서 세상 사람의 칭찬거리가 되었는데, 그 아들이 이를 계승하였으니, 선친의 덕을 더럽히지 않았다고 할 만하다.

『중종실록』에 기록된 것이며, 비슷한 내용이 권벌權橃의 『한원일기翰苑日記』와 『우재연보愚齋年譜』 등에도 수록되어 있다. 이때 세운 생사당은 임진왜란 때 불에 탔다. 그러나 인조 13년(1635) 사서沙西 전식全湜(1563~1642)과 창석蒼石 이준李埈(1560~1635)의 건의

속수서원

로 이를 다시 복원하였고, 효종 7년(1656) 이를 경현사景賢祠로 개칭하였으며, 숙종 29년(1703)에는 유림에서 속수서원涑水書院으로 승격시켜 학문의 터전으로 활용하였다. 그가 지방관으로 성공하였음을 단적으로 보여 주는 예이다.

중앙조정에서 벼슬할 때의 상황에 대해서도 이런 칭송의 기록이 곳곳에 보인다. 『중종실록』에는 "대사헌·이조판서·좌우참찬·의금부사 등 요직에 있으며 공평 정직하였다. 공무 이외의 방문은 일체 하지 않았고, 공무가 끝나면 바로 귀가하여 경전에 마음을 붙이고 성리학에 잠심하였으며, 비록 권세를 잡고 있었으나 청탁이나 뇌물 따위가 절대로 없어 문정이 고요하기만 하였다"라고 하였고, 남세주南世周가 쓴 글에서는 "조정 공론이 소중하게 여겨 양민공이 죽지 않았다고 말한다"라고 했으며, 중종은 그 치제문致祭文에서 "대사헌을 세 번 하니 맑은 명성 흡족하고, 이조판서 두 번 함에 인재 선발이 공평했으며, 의정부로 옮겨 감에 국사 조정도 잘 하였다. 마음가짐이 맑고 깊어 세 조정을 두루 섬김에 몸가짐이 검소하고 시종일관 한결같았으니, 꿋꿋한 그 자세에 누가 감히 간섭하랴. 자신을 바로잡아 세상의 모범이었다"라고 칭송하였다.

이처럼 손중돈은 조정에서나 지방 관료로 탁월한 능력을 발휘하여 아버지 손소와 함께 많은 칭송을 받았고, 이 때문에 국왕으로부터 귀중한 선물을 많이 받기도 하였다. 중종 20년(1525)

『한서漢書』 1부와 선우추鮮于樞, 김생金生 등의 『서법첩書法帖』 1권을 받은 것을 비롯하여, 중종 21년(1526)에는 『역대군신도상歷代君臣圖像』 1건을 받았고, 중종 22년(1527) 65세 때는 다시 『자치통감自治通鑑』과 『소미통감강목少微通鑑綱目』 각 1건, 『창려집昌黎集』 1건 등을 받기도 하였다. 이 가운데 『김생서법첩』과 『역대군신도상』은 오늘날까지 집안에서 가보家寶로 전하고 있는 매우 귀중한 유품이기도 하다.

 그러나 그가 무엇보다 값지게 성취한 일은 회재晦齋 이언적李彦迪(1491~1553) 같은 큰 인물을 길러 냈다는 점이다. 이언적은 손중돈의 바로 아래 매부인 이번李蕃(1463~1500)의 장남으로, 이번이 처가곳을 따라 양동에 들어와 살았기 때문에 그 또한 양동에서 태어났었다. 그러나 연산군 6년(1500) 10살 때 부친 이번이 그와 동생 이언괄李彦适 형제만 남긴 채 세상을 떠나서 의지할 곳 없는 처지가 되었다. 이때 외삼촌 손중돈이 주선하여 이번을 손씨 집안의 선산이었던 영일군 달전면 선영 왼쪽에 장례를 치르게 해 주었고, 삼년상을 다 마치고는 즉시 13살 어린 나이의 이언적을 자신이 근무하고 있던 양산군梁山郡으로 데려가 교육시켰으며, 중종 1년(1506) 상주목사로 부임하였을 때도 이언적이 16세의 나이로 찾아와 그의 학문을 전수받았다. 이런 과정을 통해 이언적은 중종 8년(1513) 손중돈이 사간원 대사간으로 있을 때 생원시에 입격하였고, 바로 이듬해 문과 별시別試에 병과丙科 4등(급제자 21명

중 9등)으로 합격하였던 것이다.

　관직에 진출한 이후에도 손중돈의 이언적에 대한 가르침과 인도는 그치지 않았다. 중종 19년(1524) 이언적이 인동현감으로 나가 있으면서 백성을 다스리는 방법에 대하여 질문을 하자 "다만 성냄을 삼감에 달려 있다"(只在愼怒)라고 가르쳐 주었다. 그리고 중종 21년(1526) 이언적이 영의정 정광필鄭光弼(1462~1538)의 조카이면서 동갑내기였던 호음湖陰 정사룡鄭士龍(1491~1570)을 논박하고자 했을 때, 손중돈이 나서서 "정사룡은 문장이 쓸 만한 데가 있다. 훗날 중국 사신이 오면 불가피 기용해야 할 것이다"라고 하면서 만류한 일이 있었다. 그런데 실재 중국 사신이 와서 개성에서 꽃구경을 하다가 말에서 떨어지는 불상사가 발생하였고, 이에 분개한 중국 사신이 길 닦은 사람을 찾아내어 벌주고자 하였는데, 이때 정사룡이 즉흥시를 지어 위로함으로써 문제를 쉽게 해결할 수 있었다. 이와 같은 일을 보고 이언적은 "외삼촌의 덕망과 도량에는 미칠 수 없다"라고 탄복하였는데, 이런 일화를 통해 관직에 진출한 이후에도 손중돈이 이언적을 끝까지 가르치고 인도한 사정을 미루어 짐작할 수 있다. 그래서 손중돈이 세상을 떠난 후 이언적은 지난날을 회상하며 가슴에 사무치는 제문을 지었는데, 그 속에 다음과 같은 내용이 들어 있다.

　　어리석고 둔한 나는 일찍 아버지 상을 당하여, 어리고 외로운

몸 돌아갈 곳이 없었습니다. 나이 아직 성동成童(15세)도 되지 않아서 외롭고 불쌍한 처지였지요. 오직 외삼촌께서 특별히 보살펴 염려해 주셨고, 거듭 나를 인도하여 가르치고 기르기를 자기 자식이나 다름없이 하셨습니다. 의리의 반듯함을 대강이나마 알게 됨은 모두 외삼촌 덕분이었지요…… 그 작은 병으로 문득 이렇게 세상을 떠나실 줄 어찌 알았겠습니까. 가슴 치고 울부짖어 간장이 무너지니, 오호 애통합니다. 지난 봄 고향 갈 때 간절히 말리셨건만, 어머님이 보고 싶어 그 뜻을 따르지 못하였습니다. 외삼촌은 나를 자식같이 보았지만 나는 오히려 아버지처럼 모시지 못하였고, 불초한 못난이로 그 은혜 그 의리를 영원히 저버렸습니다.

이 글을 보면 이언적의 손중돈에 대한 의지와 기대가 얼마나 크고 절실하였는지 바로 알 수 있으며, 10세 어린 나이로 아버지를 잃고 손중돈을 아버지처럼 따르며 공부했던 사정을 실감할 수 있다. 그래서 정조 7년(1783) 채제공蔡濟恭(1720~1799)은 손중돈의 신도비에서 "회재 선생이 어려서부터 공을 아버지처럼 섬겨 그 지결旨訣을 이어받았고, 존경하고 믿고 따라서 마침내 동방의 대현大賢이 되었으니, 공이 아니었다면 어떻게 회재를 만들 수 있었겠으며, 회재가 아니었다면 어찌 공의 학문을 (회재에게) 단독으로 은밀히 전수하였음(單傳密付)을 증명할 수 있을까"라고 하였다.

　손중돈은 이처럼 주자학을 학문의 근거로 삼아 성종부터 중종 때까지 3대에 걸쳐 내리 활동한 당대의 대표적 학자형 관료였다. 그래서 중앙에서나 지방 목민관으로 부친 손소를 능가하는 현저한 업적과 명성을 쌓았고, 이에 걸맞은 주요 물품을 다수 획득하여 집안의 가보家寶로 전수하였으며, 이언적과 같은 훌륭한 인재를 양성하여 영남지역에 성리학의 새로운 문호를 열 수 있도록 하였다. 그래서 살아서는 생사당을 세워 받들고, 계천군鷄川君이란 부친의 봉호封號를 계승하여 월성군月城君이란 봉호를 받았으며(1527), 죽어서는 경절景節이란 시호를 받고, 속수서원涑水書院과 동강서원東江書院에 봉안되어 이곳에서 영원히 제사를 받는 주인공이 되었던 것이다.

　양동마을 경주손씨는 이처럼 손중돈이 부친 손소의 뒤를 이어 전보다 더욱 높은 명성과 업적을 쌓음으로써 마침내 영남에서는 물론 전국적으로 유명한 종가가 되었다. 손소의 8세손 손덕승孫德升은 「계천군묘갈명鷄川君墓碣銘」에서 이들 부자의 이런 업적을 두고 "아들이 있고 손자가 있어(有子有孫), 공훈이 있고 덕망이 있었네(有勳有德). 근원이 없이 어찌 물이 흐르며(非源奚流), 씨 뿌리지 않고서 어찌 수확하랴(非種奚穫)"라고 하였다. 여기서 아들은 손소를 가리키고 손자는 손중돈을 가리킨다.

3. 종가를 지킨 후예의 후예들

　손소와 손중돈 이후 종가宗家의 적장자들은 조상이 현저한 공덕이 있을 경우 그 자손들에게 과거科擧 급제 여부에 상관없이 일정한 관직을 부여하는 음사제도蔭仕制度에 따라 주로 음직蔭職 벼슬을 이어 나갔다. 손중돈의 맏아들 손경孫暻은 불행하게도 부친의 부고를 받고 놀라서 병으로 일찍 세상을 떠났다. 그러나 손경의 아들 손광서孫光曙, 손자 손시孫時, 증손자 손종하孫宗賀, 고손자 손익孫釴 등 이후 적장자들에게는 나라에서 일정한 벼슬을 하사하였는데, 종가에 이들과 관련된 약간의 고신교지告身敎旨, 즉 임명장이 전해 오고 있어서 이런 사실을 확인할 수 있다.

• 손광서孫光曙: 충좌위忠佐衛의 무관武官 직책. 문서 13장
　　　　　 전력부위展力副尉(종9품, 1538), 승의부위承義副尉(정8
　　　　　 품, 1538), 병절교위秉節校尉(종6품, 1539), 돈용교위敦勇
　　　　　 교위校尉(정6품, 1540), 선략장군宣略將軍(종4품, 1550)
• 손　시孫　時: 훈련원訓練院의 무관武官 직책. 훈련원관관. 문서 6장
　　　　　 전력부위展力副尉(종9품, 1546), 여절교위勵節校尉(종6
　　　　　 품, 1599), 창신교위彰信校尉(종5품, 1599), 소위장군昭威
　　　　　 將軍(정4품, 1599), 보공장군保功將軍(종3품, 1599), 어모
　　　　　 장군禦侮將軍(정3품 당하)
• 손종하孫宗賀: 문관文官과 무관武官 직책 겸임. 문서 12장
　　　　　 선교랑宣敎郎(종6품, 1615), 여절교위勵節校尉(종6품,
　　　　　 1616), 창신교위彰信校尉(종5품, 1616), 과의교위果毅校
　　　　　 尉(정5품, 1616), 조봉대부朝奉大夫(종4품, 1616), 조산대
　　　　　 부朝散大夫(종4품, 1616), 봉렬대부奉列大夫(정4품, 1616),
　　　　　 봉정대부奉正大夫(정4품, 1616), 건공장군建功將軍(종3
　　　　　 품, 1616), 어모장군禦侮將軍(정3품 당하, 1616), 통훈대부
　　　　　 通訓大夫(정3품 당하, 1617)
• 손　익孫　釴: 충의위忠義衛 문관文官 직책. 문서 3장
　　　　　 종사랑從仕郎(정9품, 1659), 통사랑通仕郎(종8품, 1660),
　　　　　 무공랑務功郎(정7품, 1660)

위는 집안에 전해 오는 고문서를 토대로 손중돈의 손자 손광서孫光曙 이후 5대손 손익孫釴에 이르기까지 집안 종손들이 대략 어떤 직급을 받았는지 간단하게 정리해 본 것이다. 이를 보면 종손들의 경우 대체로 국가에서 하사한 정3품 당하관 이하의 벼슬을 유지하면서 새로운 종가의 개창이나 발전보다 손소와 손중돈 당시 확립했던 종가의 기반을 온전하게 보존하고 지키는 데 더욱 노력했음을 알 수 있다.

종손 외에도 후손들 가운데 과거에 급제하거나 문집文集을 남긴 학자가 다수 있다.『동경잡기東京雜記』를 보면, 경주에서 과거에 급제한 인물 명단을 조사해 놓았는데, 여기에 손소와 손중돈 외에 손덕승孫德升·손혁孫爀·손상호孫相昊·손상일孫相日·손기영孫耆永 등 5명이 문과文科 급제자 명단에, 손계돈孫季敦을 비롯한 17명이 생원이나 진사 입격자 명단에 들어 있고, 양동마을 홈페이지에는 문과 급제자가 21명, 무과 급제자가 4명, 소과 급제자가 36명으로, 도합 61명의 급제자가 있었다고 소개하였다. 또 손만호孫萬鎬가 여러 문헌을 조사하여 작성한「경주손씨역대문집유고일람표慶州孫氏歷代文集遺稿一覽表」를 보면 손엽孫曄의『청허집淸虛集』, 손덕승孫德升의『매호집梅湖集』등 약 50여 명이 문집文集·유고遺稿·실기實記 등을 남긴 사실을 확인할 수 있는데, 이들이 사실상 경주손씨 집안의 지도적 인물이었다고 할 것이다. 따라서 양동마을 경주손씨종가는 종손을 비롯한 과거 급제자와 문집을 남긴 이런 지도적 인물들이 협력하여 지켜 왔다고 할 수 있겠는데, 그 가운데 종가와 관련된 활동이 뚜렷했던 몇 분만 간단히 살펴보자.

1) 손엽(1544~1600)

손엽孫曄의 자는 문백文伯이고, 호는 청허재淸虛齋이다. 손중돈의 증손자이고, 손광서孫光曙의 작은집 조카이다. 중종 39년(1544) 12월 손광고孫光暠와 장수황씨長水黃氏 사이의 장남으로 태어났다. 조호익曺好益(1545~1609)이 쓴 「참봉손공묘지명參奉孫公墓誌銘」에 "어려서부터 영특함이 남달랐고, 글짓기를 민첩하고 넉넉하게 잘하였으며, 특히 시에 탁월한 능력이 있었다. 명종 때 경주지방에 인재가 많다고 하여 서울에서 관리를 파견하여 지방별시地方別試를 보이게 하였는데, 공이 15세의 나이로 응시하여 높은 성적을 얻었다"라고 하였다. 선조 1년(1568) 진사에 응시하여 입격하였으나, 이후 문과에 거듭 실패하자 과거를 포기하고 고향에서 산수와 책을 벗하고 지냈다. 조정에서 집경전참봉集慶殿參奉 등으로 여러 차례 불렀지만 관직에 나아가지는 않았다.

그는 고향에 있을 때 양동마을 서북쪽 안락천과 안강 들판이 한눈에 내려다보이는 자리에 정자를 짓고 생활하였다. 그는 이 정자를 '물은 맑고 구름은 허허롭다'는 수청운허水淸雲虛의 의미

수운정

를 따서 수운정水雲亭이라 이름하였는데, 이에 따라 자신의 호도 여기서 수운水雲을 제외한 글자를 따서 청허재淸虛齋라고 하였다. 이 정자는 임진왜란 때 경주에 있던 태조 이성계의 화상을 피난시킨 곳으로 유명하다. 현재도 양동마을 핵심 명승 중 하나로 전해지고 있으며, 중요민속문화재 제80호이다. 그는 또 양동마을 입향조 손소의 묘소를 관리하기 위해 건립한 상달암上達菴 중수의 장본인이기도 하다. 상달암을 언제 최초로 건립하였는지는 정확하게 알 수 없다. 그러나 후손 손국제孫國濟가 지은 「상달암중수기上達菴重修記」에 "임진왜란 이후 손소의 현손玄孫 청허재淸虛齋 손엽孫曄이 실재 이 일을 맡아 진행하여 1년 만에 준공하였다"라는 내용이 기록되었으니, 이를 통해 임란 직후에 손엽의 주도로 상달암을 중수한 사실을 알 수 있다. 『청허문집淸虛文集』이 남아 있다.

2) 손종하(1576~1634)

손종하孫宗賀는 손중돈의 현손玄孫이고, 손광서孫光曙의 손자이며, 손시孫時의 장남이다. 집안 종손으로, 손엽孫曄에게는 큰집 종조카가 되기도 한다. 손종하는 문집이 남아 있지 않아서 인적 사항을 구체적으로 확인하기 어렵다. 다만 종가에 그의 관직 임명과 관련된 고문서가 12장가량 남아 있어서 음직蔭職으로 광해군 7년(1615) 종6품 선교랑宣敎郎과 여절교위勵節校尉를 거쳐 문관·무관으로 각각 정3품 당하관에 해당하는 통훈대부通訓大夫와 어모장군禦侮將軍에 올랐던 사실을 확인할 수 있다.

그는 지산芝山 조호익曺好益(1545~1609)에게 부탁하여 부친 손시孫時와 종숙 손엽孫曄의 묘지문墓誌文을 받는 데 주도적 역할을

달전리 손종하 묘소

하였다. 조호익은 「판관손공묘지명判官孫公墓誌銘」에서 "맏아들 종하宗賀가 울면서 묘지명을 청하기에 글솜씨가 없다고 거절할 수 없어서 지었다"라고 하였다. 그리고 「참봉손공묘지명參奉孫公墓誌銘」에서는 또 "그 종질 손종하가 행장行狀을 가지고 와서 '공은 백부伯父님을 따라 소년 시절부터 오래 어울렸으니 서로 잘 앎이 공만 한 분이 없습니다. 어찌 짓지 않겠습니까?'라고 하였다. 내가 감당할 일이 아니라고 사양하였지만, 종하가 거듭 요청하면서 '백부님의 뜻입니다'라고 하기에, 이에 삼가 짓는다"라고 하였다. 자신의 선친뿐만 아니라 집안 어른들의 상장례喪葬禮를 갖추는 데 그가 두루 주도적 역할을 하였음을 증명하는 예이다.

그는 또 상달암上達菴과 짝을 이루는 하학재下學齋의 건립을 주도하기도 하였다. 하학재는 손중돈의 묘소를 관리하기 위해 건립한 재사齋舍로, 「하학재중수기下學齋重修記」에 "지난 현종 4년(1663) 현손 주부主簿 손종하孫宗賀가 이를 건립하여 하학재라고 이름을 지었으니, 이만한 조상이 있음에 이만한 후손이 있다고 할 만하다"라고 하여 이런 사실을 분명하게 명시하였다. 현종 4년(1663) 계묘癸卯는, 손종하의 생몰 연대를 고려할 때, 선조 36년(1603)의 착오가 아닐까 의심되는 바 있다. 그러나 어떻든 그가 하학재를 처음으로 건립한 것은 분명하다. 이 건물은 고종 10년(1873) 한 차례 중수를 거쳐 오늘날까지 전해지고 있다. 경상북도 문화재자료 제356호로 보호 관리되고 있다.

3) 손종로(1598~1637)

손종로孫宗老의 자는 고경考卿이고, 호는 낙선당樂善堂이다. 손중돈의 현손이고, 손광서孫光曙의 손자이다. 손시孫時와 영월신씨寧越辛氏의 2남 3녀 중 차남으로, 손종하孫宗賀가 바로 그 친형이기도 하다. 광해군 10년(1618) 무과에 급제하였지만, 대북파大北派가 광해군의 계모 인목대비를 서궁西宮에 유폐시키고 이복동생 영창대군을 강화도에 위리안치시켰다가 죽이는 등 계축옥사癸丑獄事 (1613)의 여파가 심각하여 관직을 포기하고 고향으로 돌아와서 생활하였다. 그러다가 인조반정 후인 인조 9년(1631) 선전관宣傳官에 임명되었으며, 인조 12년(1634)에는 남포현감藍浦縣監으로 부임하기도 하였는데, 2년 뒤 인조 14년(1636) 병자호란 이 일어나서 쌍령雙嶺전투에서 전사하였다.

그는 병자호란 이전부터 청나라가 북쪽 변경지역을 자주 침범한다는 소식을 듣고 분개하면서 "대장부가 마땅히 전쟁터에 나가 죽어 말가죽으로 시체를 수습할 것이니, 썩은 선비는 못하리라"라고 하였다. 그러다가 청나라가 침입하여 인조가 남한산성으로 피신했다는 소식을 듣고는 "신하는 마땅히 의리에 죽어야 한다. 하물며 우리 집은 대대로 충성과 공훈으로 국록을 먹지 않았던가?"라고 하였고, 아내에게 "어머니를 잘 봉양하고, 훗날 내 시체를 찾을 때 왼쪽 어깨에 검은 사마귀가 있는 것을 징표로 삼으시라" 하고는 종 2명과 고을 사람들을 거느리고 서둘러 전투에 참여하였다.

동행한 장졸들은 죽령竹嶺을 넘어 원주로 가자고 하였지만, 그는 "남한산성 사정이 위급하니 우회할 수 없다" 하여 바로 남한산성을 향하기로 하였다. 그러나 이천利川에 이르렀을 때 적들이 이미 남한산성을 10여 겹으로 포위하여 나아갈 수가 없었다. 그래서 부득이 경상좌도병마절도사 허완許完의 휘하에 들어가 전투에 참여하였는데, 인조 15년(1637) 3월 쌍령雙嶺에서 전군이 포위되는 상황이 되었다. 이때 함께 전투에 참여한 박홍원朴弘遠 등이 후일을 도모하자고 하였지만, 그는 "군왕이 다급한 처지에 있는데 물러섬은 내 뜻이 아니다"라고 거부하였고, 종 한 명에게 "너는 집에 돌아가 이런 사정을 알리라" 하여 보내고는 끝까지 싸우다 다른 종 한 명과 함께 전사하였다.

　이 소식을 듣고 그의 아들 손수孫鏾와 조카 손집孫鏶이 전쟁터로 찾아갔다. 그러나 시체가 무수하게 쌓여 왼쪽 어깨에 검은 사마귀가 있다고 했던 그를 찾을 수가 없었으며, 부득이 전쟁터에서 사용하던 활과 옷만 수습해 와서 경주 북쪽 검단리檢丹里 언덕에 장례하였다. 정조 7년(1783) 나라에서 이런 충절을 포상하여 그를 정3품 어모장군禦侮將軍 훈련원정訓練院正에 추증하였고, 검단리檢丹里 산소 아래 단고사丹皐祠라는 사당을 세웠으며, 같은 해 왕명으로 양동마을에 그의 충절을 기리는 정충각旌忠閣을 세우고, 그 옆에 그를 따라 함께 죽었던 종의 충성을 기리는 충노각忠奴閣을 함께 세우도록 하였다. 이때 세운 정충각과 충노각의 유적이 지금도 양동마을 입구 정면에 그대로 남아 있으며, 경상북도 문화재자료 제261호로 지정 보호하고 있다. 정조 당시 채제공蔡濟公이 쓴 「충신증훈련원정손공묘갈명忠臣贈訓練院正孫公墓碣銘」에 이런 사정을 자세하게 기록하였고, 그의 사적을 모아 정리한 『낙선당실기樂善堂實記』 1책이 전해지고 있다.

단고사 강당

4) 손여두(1643~1713)

손여두孫汝斗의 자는 망지望之이고, 호는 노잠魯岑이다. 손중돈의 6세손이고, 손광현孫光晛의 현손이며, 손종도孫宗道의 손자이다. 인조 21년(1643) 8월 손현孫鉉과 오천정씨烏川鄭氏 사이에 태어났으며, 어릴 때는 병이 많아 공부를 제대로 못하다가 20세 이후 비로소 학문을 성취하였다고 한다. 경주손씨 집안에서 처사로 일생을 보낸 대표적 인물 중 한 사람으로, 어질고 후덕하여 아버지는 "자식이 자식답다"라고 하였고, 동생은 "형님이 형님답다"라고 칭송하였다. 집안을 돌보고 어려운 이를 보살피는 데 적극적이었으며, 만년에는 입암立巖으로 들어가 경전과 역사 공부에 침잠하였다고 한다. 병와甁窩 이형상李衡祥(1653~1733)이 「손처사묘갈명孫處士墓碣銘」에서 이런 행적을 자세하게 기술하였다.

그는 과거에 급제하지도 않았고, 벼슬을 한 적도 없다. 그럼에도 불구하고 집안을 지키고 유지하는 데는 누구보다 많은 노력을 하였다. 우선 그는 손중돈의 연보年譜를 작성하고 『우재실기愚齋實記』를 편찬하는 데 주도적 역할을 하였다. 이와 같은 사실은 정범조丁範祖(1723~1801)가 「손경절공실기孫景節公實記」 서문에서 밝힌 바 있다. "6세손 손여두孫汝斗가 연보年譜를 지었다", "손중돈의 「승선일기承宣日記」와 기타 관련 기록을 채록하여 『우재실기愚齋實記』 1권을 만들었다"라고 한 것 등이 바로 그것이다. 이때 편찬한 『우재실기』를 종손 손맹걸孫孟杰이 정범조의 서문을 받아 간행하였다. 그리고 이후 손정구孫鼎九가 내용 일부를 보완하고 당시 경주부윤으로 부임한 홍량호洪良浩(1724~1802)의 「우재실기보편발문愚齋實記補編跋文」을 받아 다시 간행하였는데, 이것이 손중돈과 관련된 거의 유일한 기록물이다. 이인좌李麟佐(1695~1728)의 난을 거치면서 망실된 손중돈의 글과 관련 기록을 후대에 전하는 데 결정적 기여를 하였던 것이다.

다른 하나는 그가 동강서원東江書院 창건에 가장 중요한 역할

동강서원

을 하였다는 점이다. 이와 같은 사실은 후손 손덕승孫德升이 「동강서원중건기」에서 구체적으로 밝혔다. "숙종 21년(1695) 봄에 형산강 가에 터를 잡았고, 숙종 33년(1707) 가을 묘우廟宇와 강당講堂을 완성하여 처음 향사를 받들었다. 선생의 6세손 손여두가 처음부터 끝까지 일을 주관하였고, 집안에 소장된 직첩職牒과 선생이 승정원에서 사적으로 기록한 것 「승선일기承宣日記」 및 비지문자碑誌文字를 참고해서 연보年譜를 만들었으며, 비지碑誌, 제문祭文, 만사輓詞, 「속수서원봉안문涑水書院奉安文」 등 기타 기록들을 두루 찾아 정리하여 선생의 실기實記 1부를 만들고, 「영모록永慕錄」 1편을 지어 참고할 수 있게 하였다"라고 한 것이 바로 그것이다. 그가 10여 년에 걸쳐 동강서원 창건을 주도하였음은 물론 손중돈의 연보와 실기 및 「영모록」까지 작성했던 사정을 구체적으로 명시하였던 것이다.

이처럼 그는 과거에 급제하지도 않았고 관직에 진출한 적도 없었지만 고향에서 활동하면서 손중돈의 연보와 실기를 작성하고 동강서원 창건을 주도하는 등 양동마을 경주손씨의 집안을 보존하고 지켜 나가는 데 핵심적 역할을 하였다. 『노잠집魯岑集』이란 개인 문집을 남긴 사실이 확인된다.

5) 손덕승(1659~1725) 외

이 외에도 종가를 유지하고 지켜 가는 데 노력한 인물이 다수 있다. 손덕승孫德升은 「동강서원중건기문」을 지었고, 이만운李萬運이 그의 묘지명인 「매호손공묘지명梅湖孫公墓誌銘」을 지었으며 『매호집梅湖集』이란 문집을 남기기도 하였다. 손정구孫鼎九(1731~1790)는 「단고사중수기丹皐祠重修記」에 정조 7년(1783) 손종로의 정충각旌忠閣을 건립하는 데 주도적 역할을 했다 하였고, 손봉구孫鳳九(일명 國濟, 1731~1790)는 정범조丁範祖에게 『우재실기』 서문을 청탁한 주인공이면서 정조 10년(1786) 「상달암중수기上達庵重修記」를 지은 사람이기도 하다. 기타 손중돈의 신도비를 세우고 동강서원의 사액賜額을 청하려고 노력한 손성덕孫星德, 단고서원 건립을 위해 노력한 손성열孫星說(1753~1817), 손여두의 5세손으로 문과에 급제한 다음 성재性齋 허전許傳(1797~1886)에게 『우재실기愚齋實記』 중간 서문을 부탁한 손기영孫耆永(1850~1893), 양동마을 경주 손씨 강당이었던 안락정安樂亭 건립에 주도적 역할을 한 손영순孫永岣, 「성산팔경시聖山八景詩」를 남긴 손수택孫秀宅 등 종가를 위해 헌신한 인물이 대를 두고 이어졌던 것이다.

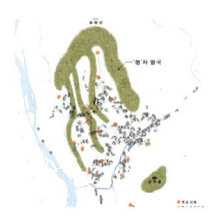

제3장 종가의 터전, 생활의 공간

양동마을 경주손씨의 주요 생활 터전과 공간으로는 본래 종가였고 현재 종가이기도 한 서백당書百堂, 손중돈 이후 400여 년간 종가였던 관가정觀稼亭, 손중돈의 증손자 손엽孫曄이 건립한 양동 외곽의 정자 수운정水雲亭, 손중돈의 현손 손종로孫宗老의 파종가 낙선당樂善堂과 정충각旌忠閣, 단고사丹皐祠, 경주손씨 집안의 유일한 서당인 안락정安樂亭, 유림의 공론에 따라 우재 손중돈을 모시고 있는 속수서원涑水書院과 동강서원東江書院, 손소와 손중돈의 묘소 아래 세운 재사齋舍 상달암上達菴과 하학재下學齋 등이 있다. 이들의 설립 역사와 공간형태 및 용도를 간단하게 살펴본다.

1. 안골 언덕의 서백당

　서백당書百堂은 양동마을 물자勿字형국의 두 번째 획에 해당하는 안골 깊숙한 언덕 오른쪽에 위치하고 있다. 설창산 줄기가 마을을 동으로 감싸 흐르다가 만들어 낸 봉긋한 언덕의 서남쪽 경사면이 바로 그 터전으로, 경주손씨 양동마을 입향조 손소孫昭(1433~1484)가 이 마을에 들어와 처음으로 지은 고가古家이고, 동시에 이 마을에서 가장 오랜 역사를 자랑하는 경주손씨 집안의 대종가大宗家이기도 하다.

　이 집은 손소가 풍덕류씨豊德柳氏 류복하柳復河의 딸에게 장가들어 양동으로 거주지를 옮긴 세조 3년(1457)에 지었다는 설도 있고, 4년 뒤인 세조 7년(1461)경에 지었다는 설도 있다. 그러나

서백당 전경(문화재청 『양동 서백당』)

그의 부인이 무남독녀無男獨女였다는 사실과 혼인 후 일정 기간 처가에 거주하는 것이 일반적 관례였던 당시 혼인풍습 등을 고려할 때 혼인하던 그해에 바로 지었다고 보기에는 다소 무리가 있다. 그리고 손소는 양동에 들어와 2년이 지난 세조 5년(1459) 문과에 급제하였는데, 이런 큰 경사가 있을 때 재산을 별급別給하거나 집을 지어 주어 기념하는 일이 흔히 있었던 점을 감안하면, 그가 문과에 급제한 이후 세조 7년(1461) 무렵에 지었다고 보는 것이 더 정확할 것으로 생각된다.

손소가 처음 집을 지을 당시 형세와 터전이 어떠했는지는 분명하지 않은 점이 있다. 특히 본채 뒤 넓은 경사면의 빈 공간에 대한 의견이 분분하다. 마당에서 마루로 오르는 디딤돌이나 계단, 축대 등에 석탑石塔의 면석面石이나 장대석長大石을 일부 사용한 것으로 보아 이곳에 사찰이 있었을 것으로 추측하기도 하고, 이곳에 본래 풍덕류씨豊德柳氏 집이 있었는데 류복하柳復河가 세상을 떠난 뒤 집이 헐려 빈 공간이 되었다는 견해도 있으며, 그 자리에 원래 안채가 있고 지금 서백당 자리에 사랑채가 있었는데 언젠가 이를 모두 헐고 현재의 서백당을 새로 지었을 것이라는 이야기도 있다. 그러나 집 주변 형세와 건물구조 및 종가의 구전 내용을 종합적으로 고려할 때 서백당 본채가 지금 자리에 현재와 크게 다르지 않은 형태로 지어졌던 것이 분명한 듯하며, 다만 오랜 세월이 흐르면서 필요에 따라 일부 건물을 증축하거나(대문채) 신축하고(사당채), 일부 건물이 소실되거나(제청) 용도가 변경되는(중사랑) 등의 변화가 있었던 것으로 보인다.

손소는 이 집을 짓고 자신이 직접 오래 거주하지는 못하였다. 세조 7년(1461) 집을 지을 당시 그는 아버지 손사성孫士晟과 함께 서울에서 승문원承文院 관리로 근무하였고, 이후에도 줄곧 사헌부감찰, 병조좌랑, 홍문관부교리 등을 역임하며 서울에서 생활하였다. 그리고 이시애의 반란 평정에 참여하여 적개공신에 책봉된(1467) 이후에는 성주목사, 안동대도호부사, 진주목사 등을 역임하며 주로 지방관으로 나가 있었고, 성종 8년(1477) 45세 3월과 11월 부친과 모친상을 연이어 당하고는 아마 청송부靑松府 안덕현安德縣에 있던 본가에서 3년가량 상주생활을 하였을 것으로 추정된다. 따라서 그가 실제 양동으로 돌아와 이 집에서 생활한 것은 부모상을 마친 성종 11년(1480) 48세부터 성종 15년(1485) 3월 52세로 세상을 떠날 때까지 약 4~5년 정도였던 것으로 보인다.

 그럼에도 불구하고 이 집은 손소의 생전에는 물론 그가 세상을 떠나고 아내 류씨부인柳氏夫人이 세상을 떠날 때(1510)까지 약 50여 년 동안 양동마을 경주손씨 집안의 중심적 생활 터전 역할을 하였다. 맏아들 손백돈을 비롯한 아들 5형제와 이번李蕃, 강중묵姜仲默에게 시집간 딸들이 모두 이 집에서 나서 자랐고, 그와 류씨부인도 모두 이 집에서 살다가 세상을 떠났으며, 국가에서 하사받은 공신도상功臣圖像과 송첨삼보松簷三寶 등 주요 물품도 모두 이 집에 보관하였다. 특히 이 집은 3명의 훌륭한 인물이 나올 삼현지지三賢之地로 널리 알려졌는데, 그 첫 번째 인물 손중돈(1463)과 두 번째 인물 이언적(1491)이 모두 당시 이 집 건넌방에서 태어났던 것이다.

 그러나 서백당종가는 류씨부인이 세상을 떠나고 얼마 지나지 않아서 종가의 기능을 상실하였다. 맏아들 손백돈은 그 이전에 이미 우계이씨羽溪李氏 이형수李亨秀의 딸에게 장가들어 이웃 유금리有琴里로 나가 살다가 후손 없이 세상을 떠났고, 집안 장손이 된 손중돈은 류씨부인이 세상을 떠나고 4년이 지난 중종 9년 (1514) 마을 입구 분통골 언덕에 관가정觀稼亭을 새로 짓고 분가하였으며, 이때 사당을 따로 건립하고 손소의 위패位牌와 화상畵像 등을 모두 모셔 나갔다. 그리고 연이어 셋째 손숙돈孫叔敦까지 서백당 북쪽에 새집(현재의 낙선당)을 지어 분가함으로써 서백당은 넷째 손계돈이 거주하는 사가私家가 되었으며, 장손이 된 손중돈의 관가정이 종가가 되었던 것이다.

이런 세월이 약 400여 년간 지속되다가 1924년에 와서야 서백당은 다시 종가의 모습을 회복하였다. 종가를 관가정에서 서백당으로 옮김과 동시에 서백당 동편에 사당을 신축하여 관가정 영당에 모시고 있던 손소의 신위를 이곳으로 옮기기로 결정했기 때문이다. 종가를 다시 옮기게 된 사연은 당시「영당상량문影堂上樑文」과「영각고유문影閣告由文」에 간략하게 기록되어 있다. 관가정 영당影堂은 비바람에 많이 허물어져 새로 신축해야 할 형편이 되었는데 지세가 너무 드러나 무너지기 쉬운 데다가 집터가 적당하지 못하여 새로 신축하기가 마땅하지 않았다는 점, 이에 비해 서백당은 손소가 생전에 건축하여 생활하던 본래 터전이었다는 점 등이 바로 그런 것이다. 그래서 화상畵像은 그대로 관가정에 남겨 두어 이 집 전체를 종가의 별채로 활용하기로 하고, 신위는 서백당 본가로 옮겨 집안 장래를 위해 종가의 모습을 새롭게 정비하고자 하였던 것이다.

서백당은 이후 몇 차례 보수 과정을 거쳤다. 대문채의 문간 오른편(동쪽)은 본래 말안장을 걸어 두는 곳이었는데 이곳으로 방을 1칸 달아내어 서적 보관이나 공부방으로 쓸 수 있도록 하였고, 사랑마당에서 사랑마루로 오르는 계단의 위치를 문간 방향에서 사랑마당 방향으로 돌려 확장하였다. 큰방과 건넌방 북쪽 벽에 있던 골방은 철거한 다음 그 뒤에 보일러실을 설치하였고, 원래 사랑부엌이었던 건넌방 남쪽 1칸을 마루방으로 만들었으며,

정면에서 본 서백당(『송첨』)

그 아래 마루방 1칸은 서고나 제기를 놓아두던 곳이었는데 이를 온돌방으로 만들어 사랑과 연결시킨 것 등이 모두 그런 것들이다. 집 전체의 근본적인 구조 자체가 바뀐 것은 아니지만 내부 시설과 용도 등에 적지 않은 변화가 있었는데, 지금의 서백당은 바로 이런 보수와 정비 과정을 거친 이후의 모습이라고 할 것이다.

　서백당의 생활공간은 입구 쪽에 'ㅡ'자로 길게 자리한 대문채, 그 안쪽 안채와 사랑채가 함께 결부된 'ㅁ'자 구조의 본채, 본채 동쪽의 사당채, 본채 서쪽의 곳간채 등으로 구성되어 있고, 대문채 밖에 외부 화장실과 대문채 안에 내부 화장실이 있다. 사당 전면에는 사당과 사랑마루를 아우르는 넓은 사랑마당이 있고, 그 옆에 손소가 이 집을 지은 기념으로 심었다는 수령 500년가량의 향나무 고목이 늠름한 모습을 유지하고 있다. 경상북도 기념물 제8호이며, 집안에서 제사를 지낼 때 이 나무 향을 사용하였다고 한다. 안채 뒤쪽 경사면에는 용도가 불분명한 빈터가 있는데, 이곳이 절이 있던 자리, 풍덕류씨豊德柳氏 집 자리, 원래 안채 자리라고 하는 등등의 설이 분분한 지역이다.

　대문채는 정면 8칸 측면 1칸의 ㅡ자형 맞배지붕 건물이다. 대문간을 중심으로 하여 오른쪽(동쪽) 1칸은 방이고, 왼쪽(서쪽)으로 청 1칸, 방 2칸, 부엌 1칸, 고방 2칸 등이 차례로 있는데, 방은 대체로 집안 하인이 거주하던 공간이었고, 고방은 곡식이나 물품을 보관하는 창고공간이었으며, 부엌은 마소의 죽을 끓이는 공간으로 사용했을 법하다. 다만 대문 오른쪽 방 1칸은 원래 없었고 대문채 제일 동쪽에 대문이 위치하고 있는 형태였는데, 1974년 보수할 때 이 방 1칸을 증축하였다고 한다.

본채는 중앙에 자리한 좌우 3칸 규모의 안마당을 중심으로 하여, 북쪽 정면에는 3칸의 대청, 대청 왼쪽(서쪽)으로는 큰방 3칸과 부엌 2칸, 대청 오른쪽(동쪽)으로는 건넌방 2칸, 제기고 1칸, 중사랑 2칸, 대청 맞은편(남쪽)으로는 중문을 중심으로 하여 왼쪽으로 고방 1칸, 마루방 1칸, 오른쪽으로 큰사랑 1칸, 사랑마루 1칸이 자리 잡고 있는 형태이다. 중문에서 안마당을 거쳐 대청에 이르는 중심선을 기준으로 할 때 서쪽 안채 공간과 동쪽 사랑채 공간이 한 지붕 아래 5칸 6칸 규모로 조밀하게 연이어진 전형적인 'ㅁ'자 구조인데, 이런 형태를 이 지역에서는 흔히 '통말집'이라고 일컬었다고 한다.

안채의 큰방은 안주인이 거처하는 곳으로 현재도 종부가 생활하고 있다. 3칸 중 북쪽 2칸은 대청 쪽으로 문을 내었고, 남쪽 1칸은 안마당 쪽으로 쌍여닫이창을 만들었는데, 큰방에 앉아 이 창을 열면 중문에서 안마당으로 들어오는 모습을 한눈에 볼 수 있도록 해 놓은 점이 아주 특징적이다. 큰방 맞은편 건넌방 2칸은 며느리가 거처하는 방이었는데, 노모가 큰 방을 물려준 뒤에 이 방으로 옮겨 살거나, 출가한 딸이 해산할 때 이 방을 사용하기도 하였다고 한다. 그래서 일명 머릿방 혹은 산실產室이라 하였으

서백당 안채(『송첨』)

며, 손중돈과 이언적 등이 태어난 곳도 바로 이 방이었다. 특히 이 방은 훌륭한 인물 3사람이 출생할 삼현지지三賢之地의 핵심 공간으로, 앞으로 한 사람의 훌륭한 인물이 다시 더 출생할 것으로 기대하고 있는데, 이 때문에 오늘날까지도 출가한 딸이 아이를 낳으러 친정에 오는 것을 엄금하고 있다는 이야기가 전해지고 있기도 하다.

사랑채 공간은 ㅁ자형의 하단 오른쪽(서남쪽) 모퉁이 부분이다. 마을 안산인 성주봉이 서남쪽 방향에 있어서 사랑채를 여기에 두었다. ㅁ자형 하단 중앙의 중문 오른편 방이 바로 바깥주인이 거처하는 큰사랑이고, 큰사랑 오른쪽 모서리 부분이 사랑마루

서백당 산실청(문화재청 『양동 서백당』)

서백당 사랑채(『송첨』)

이며, 사랑마루 옆 넓은 마당이 사랑마당인데, 마루와 마당은 계단으로 연결되어 있다. 그리고 사랑 공간 어디에서나 안산인 성주봉을 한눈에 바라볼 수 있으니, 사랑을 여기에 둔 이유를 거듭 짐작할 수 있다. 사랑마루 위쪽(북쪽)은 중사랑이고, 중사랑은 다시 그 위쪽 제기고를 거쳐 집안 내부의 산실과 대청으로 연결된다. 중사랑은 원래 마루방으로 제기나 서책을 보관하는 공간이었는데, 지금은 온돌방으로 개조하여 주로 문중 어른이나 손님을 접대하는 공간으로 사용하고 있다. 서백당 사랑채는 이처럼 안채와 별개 건물로 독립시키거나 따로 달아낸 조선 후기 양식과 달리 'ㅁ'자형 몸채 일부로 완전히 편입되어 있다는 점에 중요한 특징이 있으며, 조선 전기적 특징을 보이는 드문 예이다.

위로부터 송첨 현판, 서백당 현판, 식와 현판
(문화재청 『양동 서백당』)

이 집을 상징하는 송첨松簷, 서백당書百堂, 식와息窩 같은 현판은 모두 이 사랑채 공간에 걸려 있다. 송첨松簷은 사랑마루에서 큰사랑으로 들어가는 문 위에 걸려 있는데, 집 주변에 많이 있던 소나무와 손소의 호가 송재松齋였던 데서 유래한 듯하다. 그리고 사랑마루 동쪽 도리에 걸려 있는 서백당書百堂은 본래 관가정에 있던 것을 1924년 종가를 이곳으로 옮기면서 가져온 것이라고 하는데, 참을 인忍 자를 100번 써서 인내심을 길러야 한다는 교훈적 의미를 나타낸다고 한다. 큰사랑 남쪽 툇마루 위에 걸려 있는 식와息窩는 지맥의 움직임을 담는 혈자리를 가리키는 풍수용어로, 15대 종손 손응구孫應九(1703~1765)의 호이기도 한데, 이곳이 바깥주인의 휴식 공간임을 상징한다. 이 집 당호를 송첨 혹은 서백당이라 일컫는 것은 모두 이런 현판 문자에서 유래하였다. 사랑채 공간에서 하나 더 눈에 띄는 것은 큰사랑 툇마루와 중문 사이를 가로막은 내외벽이다. 중문이 안채로 들어가는 중심 통로이고 여인들의 출입이 많았던 관계로 여인들과 시선이 부딪치지 않도록 차단하는 수단이었다. 이와 유사한 벽이 사랑마당 쪽 중사랑 기둥 옆에 하나 더 있다. 길이와 높이 약 250cm×200cm가량의 내외담이 바로 그것이다. 사랑마루에서 안채와 사랑마당을 연결하는 쪽문을 볼 수 없도록 가린 것으로, 안채와 사랑채를 구분하는 일종의 기준선 역할을 하였다. 조선 후기에 내외의 구분이 엄격해지면서 사랑채를 안채에서 구분하기 위해 추가한 것으로 보인다.

　　사당은 사랑마당 북쪽 언덕 높다란 석축 위에 있다. 대문채는 물론 본채와도 뚝 떨어지게 따로 구분하여 이 집에서 가장 높은 곳에 자리 잡고 있으니, 조상신을 모시는 사당을 살림집보다 우선하고 신성시하는 관념을 반영한 까닭이었다. 그리고 이 집에서 가장 깊숙한 안채 좌측 날개채 서쪽에 곳간채가 있다. 정면 2칸 측면 1칸의 초가집으로, 원래 디딜방아가 있었다고 하며, 그 앞에 장독대를 만들어 놓았다. 안채 여성들이 드나들며 음식 재료를 준비하던 곳으로 외부인의 출입이 거의 없으며, 안채 부엌에서 이곳을 간편하게 드나들 수 있도록 곳간채 쪽으로 작은 통문을 내어 놓았다.

　　서백당은 이처럼 영남지역 사대부가에 유행하던 전형적인 ㅁ자형 통말집으로, 안채와 사랑채가 한 지붕으로 연결되어 있으면서도 내외 구분을 적절하게 하고, 사랑채와 사랑마당이 연결되는 동쪽 높은 언덕에 사당채를 배치하여 조상신을 높이 받드는 관념을 잘 반영하였으며, 대문채에 아랫사람이 생활할 수 있는 방과 공간을 따로 구분하여 남녀와 상하가 한 집에서 질서 있게 살아갈 수 있도록 정교하게 배려한 양반가옥이다. 아울러 이 집은 손소의 불천위 제사를 모시는 경주손씨 대종가로 집안 대소사를 의논하는 핵심 공간임과 동시에, 오랜 역사와 명성 때문에 수없이 많은 내방객들이 찾아드는 곳이기도 하다. 국가에서 중요민속문화재 제23호로 지정하여 보호하고 있다.

2. 분통골 종갓집 관가정

양동마을 입구를 들어서서 양동초등학교를 지나면 넓은 주차장 맞은편 분통골 왼쪽 언덕 위로 고색창연한 건물 한 채가 멀리 눈에 들어온다. 주변 사방이 툭 트였고 안락천과 안강들을 한눈에 조망할 수 있는 우뚝한 언덕에 자리 잡고 있어서 보기만 해도 시원함이 느껴지는데, 이 집이 바로 양동마을 경주손씨 집안에서 서백당으로 종가를 옮겨 가기 이전 400여 년 동안의 대종가였던 관가정觀稼亭이다.

관가정은 손중돈이 중종 9년(1514) 서백당에서 분가해 나오며 지은 집이다. 손중돈은 손소의 둘째 아들로, 본래 안골 서백당에서 나고 자랐다. 27세(1489) 때 문과에 급제하고 난 뒤에는 성균관학유(29세), 예문관봉교(31세), 사헌부감찰·형조좌랑(32세) 등 중앙 요직을 역임하며 주로 서울에서 생활하였고, 연산군 시대에는 혼란한 정국 상황을 피하여 경상도도사(33세), 양산군수(35세), 김해도호부사(42세) 등 지방관으로 나가 생활하였다. 그러다가 연산군 10년(1504) 갑자사화 때 재앙을 피하지 못하고 파직당하였고, 곧이어 중종 5년(1510)에는 모친 류씨부인이 세상을 떠났는데, 그가 분가를 준비하기 시작한 것은 모친의 별세를 전후한 바로 이즈음이었던 것으로 생각된다.

손중돈은 관가정을 지을 때 이미 이런 집을 지을 충분한 재력을 확보한 듯하다. 27세부터 20여 년 이상 벼슬살이를 하며 획득한 재산이 적지 않았을 것이고, 서울에서 생활할 때 거주한 남산 아래 따로 마련한 객거암客居庵이 양산군수 시절 재취한(1502) 부인 최씨崔氏가 제공한 것이라고 하는데, 이로 보아 처가 쪽을 통해 물려받은 재산도 적지 않았을 법하다. 그리고 중종 5년(1510) 모친 류씨부인이 별세한 다음 작성한 화회문기和會文記를 보면 아버지와 어머니 쪽으로부터 받은 재산도 적지 않았음을 알 수 있다. 관가정은 이런 경제적 자산을 바탕으로 건축이 가능하였으며, 모친이 별세한 후 삼년상을 마치고 곧바로 공사를 시작하여 중종 9년(1514) 무렵 완공한 것이다.

손중돈도 부친 손소와 마찬가지로 관가정을 지어 놓았지만 자신이 직접 여기에 상주할 시간은 거의 없었다. 집을 완공한 52

관가정 전경(『송첨』)

세 이래 도승지(52세), 경상감사(53세), 성절사(55세), 함경감사(56세), 충청감사(58세), 전라감사(60세), 대사헌(62세), 한성판윤·공조판서(64세), 우참찬(65세), 이조판서(67세) 등 중앙과 지방 요직을 역임하며 줄곧 고향을 떠나 있었다. 서울에 있을 때는 주로 남산 아래 객거암客居庵에 거주하였으며, 이곳에서 중종 24년(1529) 4월 이조판서로 세상을 떠났다.

그러나 실제 거주 여부와 상관없이 관가정은 그와 식솔이 거주한 터전으로 자연스럽게 종가가 되었다. 맏형 손백돈이 있었지만, 오래 전에 이미 우계이씨羽溪李氏 이형수李亨秀의 딸에게 장가들어 이웃 유금리有琴里로 나가 살았고, 그곳에서 아들 없이 세상을 떠남에 따라 자연스럽게 그가 집안의 장손이 되었으며, 마침내 본래 종가였던 서백당에서 부친 손소의 화상畵像과 신위神位 등을 모두 관가정 사당으로 옮기게 되었기 때문이다. 이후 관가정은 1924년 종가 살림과 손소의 불천위 사당을 서백당으로 다시 옮길 때까지 약 400여 년 동안 경주손씨 대종가 역할을 하였으니, 종가의 역할과 기능에 있어서는 관가정이 서백당보다 훨씬 유구한 역사를 자랑한다고 할 만하다.

관가정은 분통골 높은 언덕 자리에 있는 데다 집 주변에 담장을 둘러쳐서 밖에서는 안을 전혀 들여다볼 수 없다. 마을 입구에서 100여 미터 이상 언덕을 올라가야 비로소 관가정 담장 아래

다다를 수 있고, 여기서 다시 20여 층계 이상 가파른 계단을 올라가야 대문에 이를 수 있으며, 대문을 통과하여 다시 7층계 계단을 올라가서 중문을 통과해야 마침내 안마당에 닿을 수 있다. 높다란 언덕에 집을 지었기 때문에 이렇게 되었는데, 그래서 집 밖에서는 집 안 사정을 전혀 알 수 없지만 집 안에서는 마을 입구는 물론 서남쪽 안락천과 안강평야 전체를 한눈에 볼 수 있는 장점이 있었다.

관가정 건물은 'ㅁ'자형 몸채에 사랑채와 행랑채를 부가하여 양 날개를 달아 놓은 듯한 이른바 '날개집' 형상이다. ㅁ자형 중앙의 안마당을 중심으로 북쪽에는 서백당과 동일한 형태로 정면 3칸, 측면 2칸 도합 6칸 규모의 큰 대청을 만들었고, 대청 서쪽에는 큰방 2칸, 대청 동쪽에는 건넌방 2칸을 만들었으며, 큰방 날개채에 부엌 1칸, 고방 1칸과 사랑마루로 통하는 통문 1칸을, 건넌방 날개채에 보조마루 2칸과 동편 사당으로 통할 수 있는 쪽문 1칸을 두었다. 그리고 남쪽 중문을 사이에 두고 서편 사랑채에는 큰사랑 1칸, 작은사랑 1칸, 사랑마루 2칸을 만들고, 동쪽 행랑채에는 문간방 1칸, 행랑부엌 1칸, 행랑방 2칸을 만들었는데, 사랑마루 2칸과 행랑방 2칸이 각각 'ㅁ'자형 몸체를 벗어나 동서로 돌출되어 마치 날개를 달아낸 듯하니, 이 때문에 관가정을 날개집 형상이라 한 것이다. 또 사랑채 4칸과 중문 1칸 및 행랑채 4칸은 전체 9칸이 一자로 길게 연결되어 향단과 함께 양동마을 건물

중 규모가 가장 장대하며, 안채와 바깥마당을 구획하는 역할도 하였다.

　사당은 본채 동북쪽 뒤편 조용하고 높은 자리에 있다. 사당 입구 계단 위에 삼문三門을 설치하고, 여타 영역과 구별되도록 독립적인 담장을 따로 쌓았으며, 그 안에 3칸의 맞배지붕으로 사당을 앉혔다. 사당문 앞은 바깥마당을 거쳐 사랑채로 쉽게 드나들 수 있도록 비교적 넓은 공간을 확보해 두었고, 안채에서 사당으로 바로 나갈 수 있도록 행랑채와 안채 사이에 작은 문을 만들어 놓기도 하였다. 손중돈이 이곳으로 분가하면서 부친 손소의 화상畵像과 위패位牌를 모두 여기에 모셨는데, 1924년 종가를 서백당으로 옮겨 가면서 위패는 서백당으로 모셔 가고 여기에는 화상畵像만 남겨 두었다. 그래서 이름도 위패를 모시고 있는 사당과 달리 화상을 모신 영당影堂이라 하였다.

　관가정에서 주목할 만한 가장 상징적인 공간은 사랑마루이다. 사랑마루는 지세가 높고 경사진 곳임에도 불구하고 안채나 날개채보다 지붕이 낮지 않게 같은 높이로 맞추었다. 그리고 마루 아래를 그대로 비워 놓은 높은 누마루 형태를 취하였고, 아래쪽 기단 부위를 다른 기단보다 한 층 더 낮게 조성함으로써 사랑마루의 우뚝한 공간감이 최대한 살아날 수 있도록 하였다. 그리고 마루 전면과 측면에는 나지막한 계족 난간을 두르고, 마루 서쪽 벽면은 언제나 들어 올릴 수 있는 판창으로 만들었으며, 이곳에 오르는 출입구를 그 모퉁이에 배치하였으니, 이런 구조는 모두 높은 사랑마루에서 주변의 아름다운 경관을 바라볼 수 있도록 조망의 편리함을 고려한 결과였다. 그래서 실제 마루에 오르면 마을 입구의 모습은 물론, 저 멀리 형산강과 안락천, 그리고 그 옆으로 광활하게 전개된 드넓은 안강평야 전체를 한눈에 볼 수 있어서 감탄을 금할 수 없다.

　이 집을 관가정이라 한 것은 바로 이 누마루와 관련이 있다. '볼 관'(觀) '농사 가'(稼), 관가정이란 바로 저 넓은 평야에서 '농사짓는 모습을 바라보는 정자'란 의미로, 이곳의 대표적 명승지인 누마루에 집주인의 마음을 담은 상징적 표현이다. 그래서 누마루 전면 중앙 기둥 위에 '관가정觀稼亭'이란 커다란 현판을 걸었고, 그 안쪽 북벽에 같은 내용의 현판을 하나 더 걸었으며, 측면에는 지난 400여 년간 경주손씨 대종가였음을 나타내는 '송첨구려松簷舊廬'란 현판을 걸었다. 종가를 서백당으로 옮겼지만 송첨松簷 옛집이 바로 이곳이었음을 의미하는 현판이다. 누마루 서남쪽 마당가에는 오랜 역사를 자랑하는 향나무와 배롱나무 고목이 있다. 이 또한 서백당 향나무와 배롱나무를 연상하게 하는 것으로, 이곳이 경주손씨의 중심적 생활터전이었음을 묵묵히 말해 준다.

　관가정의 공간적 특징은 이 외에도 여럿 있다. 안마당을 중심으로 할 경우 서백당은 안채가 왼쪽(서쪽) 후면, 사랑채가 오른

관가정 사랑채(「송첨」)

관가정 바깥 풍경(「송첨」)

쪽(동쪽) 전면인데 비해, 관가정은 안채와 사랑채가 모두 왼쪽(서쪽) 전면과 후면에 자리하였다. 이 또한 서쪽에 넓게 펼쳐진 안강평야에 대한 조망을 고려한 배치였다. 경사면임에도 불구하고 안마당 높이를 일정하게 하고 각 방의 출입구와 높이를 낮게 맞추어서 접근성이 좋도록 한 것도 특징적이고, 안채 대청에서 안마당을 거쳐 중문과 대문까지를 일직선으로 배치한 점도 특이하다.

관가정은 이처럼 영남 양반가의 전형적인 주택 형태인 ㅁ자형에 기초하고 있으면서도 이를 일정하게 변형시킨 날개집 형태를 하였고, 마을 어귀 우뚝한 지형지세를 최대한 활용하여 주변을 한눈에 조망할 수 있도록 배치한 아름다운 건축물이다. 그래서 마을 건축물 중 가장 격이 높은 보물 제442호로 지정·보호하고 있다. 그리고 양동마을 경주손씨 400년 종가의 유구한 역사를 자랑하는 곳으로, 지금까지 영당에 손소의 화상을 그대로 보존하고 있어서 종가 못지않게 중요한 의미가 있다.

3. 수운정과 안락정

　　수운정水雲亭은 양동마을에 남아 있는 경주손씨 집안의 거의 유일한 정자이다. 분통골에서 물봉골 안골로 전개되는 마을 안쪽으로 들어가지 않고, 마을 앞 주차장 왼편으로 난 포장도로를 따라 안락천 강변을 그대로 몇 백 미터 거슬러 올라가면 오른편 높은 바위언덕 위로 수운정 지붕 한 자락이 눈에 들어온다. 입구가 넓지도 않고 바위 벼랑에 한 사람이 겨우 다닐 수 있을 정도로 좁고 가파른 길이 나무숲에 가려져 있어 유심히 보지 않으면 접근 통로조차 발견하기 어렵다. 그러나 그 길을 따라 언덕을 올라가면 별천지가 있다. 동서남북 사방이 탁 트인 언덕 중심부에 안락천과 안강평야를 바라보는 방향으로 수운정이 자리 잡고 있는

수운정 입구

것이다. 양동에서 경치가 가장 좋은 곳이라더니, 참으로 조용하면서도 사방 경관이 아름다운 곳임을 한눈에 알아차릴 수 있다.

수운정은 손중돈의 증손자 청허재淸虛齋 손엽孫曄(1544~1600)이 선조 15년(1582)에 건립한 것이다. 손엽은 손중돈의 장손인 손광서孫光曙의 작은집 조카이고, 그 동생 손광고孫光皐의 장남이기도 한데, 글짓기에 아주 민첩하고, 특히 시에 뛰어난 능력이 있었다. 그래서 명종 13년(1558) 경주에서 시행한 별시에 15세의 나이로 참가하여 높은 성적을 얻었던 것으로 유명하며, 선조 1년(1568)

에는 진사에 입격하기도 하였다. 그러나 이후 문과에 실패하자 과거를 포기하고 고향에서 산수와 책을 벗하고 지냈는데, 수운정은 그가 이렇게 고향에서 활동하면서 짓고 생활한 공간이었다. 정자 이름을 수운水雲이라 한 것은 '물은 맑고 구름은 허허롭다'는 수청운허水淸雲虛의 의미를 취한 것이다. 물처럼 맑고 구름처럼 집착 없이 살겠다는 이 집의 주인 손엽의 의지를 반영한 이름이다. 그래서 그는 자신의 호도 정자 이름의 나머지를 따서 청허재淸虛齋라고 하였고, 나라에서 여러 차례 벼슬을 내렸지만 끝까지 사양하여 그가 별호에 담았던 뜻을 실천하였다.

　정자는 앞쪽 본채와 뒤쪽 행랑채로 구성되어 있다. 본채는 정면 3칸, 측면 2칸 전체 6칸의 남향 一자형이고, 행랑채는 마루 1칸, 방 1칸의 서향 一자형이다. 행랑채가 본채에 가려져 정면에서는 보이지 않지만, 실제 본채 뒤편에서 두 채가 서로 맞닿아, 전체적으로 'ㄴ'자를 뒤집어 놓은 형국을 하였다. 본채는 서쪽 2칸이 대청마루이고 동쪽 1칸이 방인데, 이 방에는 아마 집주인이 기거했을 것이다. 방 앞에는 툇마루를 놓아 대청과 연결되도록 하였고, 툇마루에서 대청까지 전면은 모두 난간을 둘렀으며, 대청에는 많은 현판을 걸어 두었다. 전면 중앙 처마 아래에는 반듯한 해서체로 쓴 '수운정水雲亭'이란 현판을 걸었고, 그 안쪽 북벽에는 마치 물이 흘러가고 구름이 날아가듯 유려한 초서체로 쓴 '수운정水雲亭' 현판을 하나 더 걸었으며, 중간 들보에는 고종 1

수운정 마루 현판

수운정 시판

년(1864) 예조판서 김근金懂이 쓴 「중수기重修記」를, 그 옆에는 백담栢潭 구봉령具鳳齡(1526~1586)의 「중수운정손진사贈水雲亭孫進士」 2수와 검간黔澗 조정趙靖(1555~1636)의 「숙수운정宿水雲亭」 2수의 시판을, 북서쪽 벽에는 또 종8세손 손상일孫相馹의 시판을 걸어 놓았다.

수운정은 마을 서북쪽 갈구덕 외진 곳에 있어서 집주인의 공부공간으로서는 물론, 임진왜란 당시 경주 집경전集慶殿에 있던 태조 이성계의 화상畵像을 피란시킨 장소로 더욱 유명하다. 그러나 김근金懂이 쓴 「중수기重修記」에 따르면 임진왜란 이후 병자호란 등 여러 차례의 전란을 겪으면서 원래의 건물은 모두 소실되었고, 고종 1년(1864) 후손들이 힘을 모아서 다시 중수하였다고 하는데, 현재 건물을 아마 이때 중수한 것으로 생각된다. 양동마을 여강이씨의 심수정心水亭(중요민속자료 제81호)과 함께 정자 건축으로는 드물게 국가에서 중요민속자료 제30호로 지정하여 보호하고 있다.

안락정安樂亭은 양동마을 입구에 들어서기 이전, 양동과 인동仁洞의 분기점에 해당하는 갈림길 오른편 언덕에 있다. 그래서 이곳에서 300미터가량을 더 들어가야 비로소 양동마을 동구가 나타나는데, 이 때문에 안락정은 수운정과 마찬가지로 양동을 찾는 사람들이 예사로 지나치기 일쑤이며, 그 존재 자체를 아는 사람이 드문 편이다. 그러나 안락정은 현재 이 마을에 남아 있는 경주손씨 집안의 거의 유일한 서당으로, 근세에 집안 종손과 후손

안락정

안락정 남문

들이 함께 공부한 대단히 중요한 생활공간이다.

1921년 기암起巖 이중업李中業(1863~1921)이 지은 「안락정기安樂亭記」에 의하면, 이 서당은 조선 말기에 손영순孫永恂이 지어서 집안 자제를 가르친 곳이라 하였다. 정확한 건축 연대를 밝히지는 않았지만, 그가 손영순을 직접 뵌 적이 있다고 한 것으로 보아 한말에 건축한 것이 틀림없을 듯하다. 손영순이 이곳을 안락정安樂亭이라고 한 데는 이유가 있었다. 하나는 이 집이 바로 길 건너 안락천安樂川을 한눈에 바라볼 수 있는 자리에 있었기 때문이었고, 다른 하나는 여기에 "자신의 분수에 편안하고(安吾分) 자신이 뜻한 바를 즐긴다(樂吾志)"는 의미를 담았기 때문이다. 분수에 맞게 살면서 몸과 물질보다 마음과 정신을 우선하겠다는 주인의 뜻을 담은 표현이었다.

안락정은 서당으로 사용한 건물답게 서원書院, 강당과 유사한 구조를 보인다. 정면 5칸, 측면 1.5칸 가량의 一자형 건물로, 중간 3칸은 대청마루이고, 좌우에 각 1칸씩 온돌방을 두었다. 대청마루 앞쪽에는 '안락정安樂亭'이란 현판을 걸었고, 그 안쪽 북벽에는 '성산재聖山齋'라는 현판을 걸었다. 이 자리가 성주산聖主山 중턱에 해당하기 때문에 성산聖山이라고 한 듯하다. 그리고 이 현판 좌우에 1918년에 지은 회당懷堂 장석영張錫永(1851~1929)의 「안락정기安樂亭記」와 1921년에 지은 이중업李中業의 「안락정기安樂亭記」를 나란히 걸어 두었는데, 한 건물에 성격이 같은 두 기문을 나란히 걸어 두고 있는 모습이 특이하다. 그리고 좌우 협실의 대청쪽 문 위에 손수택孫秀宅이 지은「성산팔경聖山八景」시판과 1906년경 손영순이 지은 것으로 보이는 시판을 각각 하나씩 걸었으며, 전면 문 위에는 각각 술선당述先堂과 사검실師儉室이란 현판을 걸고 있다.

안락정 마당에는 건물을 지을 당시 심은 것으로 추정되는 백일홍, 향나무, 감나무 등이 있고, 중간에 연못을 만들어 산중 정취가 짙게 자아나게 하였으며, 집 주변에 담장을 두르고, 담장 동쪽과 남쪽에 작은 문을 내었다. 그리고 동쪽 문 밖에 방 2칸, 부엌 1칸의 초가삼간을 두고, 그 옆에 고방 1칸, 방아실 1칸의 방앗간을 부설하였는데, 아마 서당 뒷바라지를 하던 사람들의 거주공간이었을 것이다. 국가에서 중요민속자료 제82호로 지정하여 보호하고 있는데, 여강이씨 집안의 강학당講學堂과 함께 서당 건축물로는 매우 드물게 국가급 문화재로 지정하여 보호하고 있는 곳이기도 하다.

4. 정충각, 단고사, 낙선당

　　양동마을을 들어서면 분통골 좌측 언덕의 관가정과 우측 기슭의 향단과 함께 그 아래 가장 먼저 눈에 들어오는 고색창연한 건물이 하나 더 있다. 주차장 건너편 길가에 나지막하게 자리 잡은 정충각旌忠閣이 바로 그것이다. 정충각은 사람이 거주하는 공간이 아니어서 대부분 가볍게 지나치는 것이 보통이다. 그러나 실상 이곳은 양동마을 경주손씨 집안의 충절忠節을 상징하는 대표적 명소 중 하나이다.

　　정충각은 병자호란 때 순절한 손종로孫宗老(1598~1637)의 정려旌閭와 그 사적비史蹟碑를 보호하는 비각이다. 그리고 그 옆에 작은 규모로 나란히 세운 비각이 하나 더 있는데, 그와 함께 죽은

정충각

노비 억부億夫의 정려각旌閭閣으로, 충노각忠奴閣이라 하는 것이다. 손종로는 손중돈의 현손이고, 손광서의 손자이며, 손시의 2남 3녀 중 차남이다. 광해군 10년(1618) 무과에 급제하여 선전관宣傳官(1631), 남포현감藍浦縣監(1634) 등을 역임한 바 있는데, 병자호란 당시 인조가 남한산성으로 피란하였다는 소식을 듣고 찾아가다가 인조 15년(1637) 3월 경기도 이천 쌍령雙嶺전투에서 전사하였고, 그를 따르던 노비 억부億夫도 같은 곳에서 전사하였다. 전사한 뒤 시신을 찾지 못하여 전쟁터에서 사용하던 활과 옷만 겨우 수습하여 장례했다는 장렬한 이야기가 전해지고 있다.

정충각은 이런 손종로의 충절을 기리기 위해 정조 7년(1783) 왕명으로 세운 것이다. 정조는 그에게 정3품 어모장군禦侮將軍 훈련원정訓練院正을 추증하고 정려문旌閭門을 하사하였으며, 그와 함께 죽은 노비 억부에게도 정려문을 따로 하사하고, 둘을 보호하는 비각을 세워 기념하도록 하였다. 정충각 작은 문을 들어서면 왼쪽 팔작지붕의 큰 비각이 손종로의 정충각이고, 오른쪽에 작고 낮게 앉힌 비각이 억부의 충노각이며, 사면에 두 비각을 아우르는 담장을 둘러 외부와 구별해 놓았다.

정충각은 남쪽 중간 기둥 윗면에 '정충각旌忠閣'이란 현판을 걸었고, 비각 중앙에 우승지 이정규李鼎揆가 짓고 정충필鄭忠弼이 쓴 '조선 고현감 증어모장군 훈련원정 손공 정려비명朝鮮故縣監贈禦侮將軍訓練院正孫公旌閭碑銘'이란 비석을 세웠으며, 비석 위편에 우에서 좌로 '충신 증어모장군 훈련원정 행통훈대부 남포현감 손종로지려忠臣贈禦侮將軍訓練院正行通訓大夫藍浦縣監孫宗老之閭'라고 적은 정려문을 걸었다. '어모장군 훈련원정에 추증하고, 정3품 통훈대부로 남포현감을 역임한, 충신 손종로의 마을'이란 의미이다. 그리고 정려 끝에 '상지칠년계묘 10월 일 명정上之七年癸卯十月日命旌'이라 하여 정조 7년(1783) 10월 왕명에 따라 하사한 것임을 밝혔다. 서편 벽에는 또 예조참판 홍량호洪良浩가 지은 「증훈련원정손공정려기贈訓練院正孫公旌閭記」가 걸렸는데, 여기서도 정려의 전말을 비교적 자세하게 기록하였다. 충노각에는 비각

충노 억부의 정려

전면 현판도 없고, 비석도 없다. 다만 북측 기둥 사이에 우에서 좌로 '충노억부지려忠奴億夫之閭'란 정려문을 걸어 놓았다. '충성스러운 종 억부의 마을'이란 의미이며, 끝에 정충각과 마찬가지로 정조 7년(1783) 10월 왕명에 따른 것임을 밝혀 놓았다. 현재 경상북도 문화재자료 제261호로 지정하여 보호하고 있다.

 손종로의 유적은 여기에 그치지 않는다. 그가 전사한 뒤 전쟁터에서 수습한 활과 옷을 가져다 안강읍 검단리 무릉산武陵山 동쪽 산록에 묘소를 조성하였고, 순조 16년(1816) 후손 손성열孫星說(1753~1817)의 상소에 따라 그에게 다시 통정대부 승정원좌승지 겸 경연참찬관을 추증하고, 영원히 제사를 받드는 불천위不遷位

단고사 차약문

로 만들었으며, 이듬해 순조 17년(1817) 유림의 발의에 따라 묘소 아래 단고사丹皐祠를 세웠다. 단고사는 처음 서원 형태로 건립한 듯하다. 그래서 강당 뒤에 상충사尙忠祠란 사당을 두고, 그 앞에 탁절당卓節堂이란 강당과 불괴재不愧齋, 사의재思義齋 등 동재, 서재 및 입구의 차약문此若門까지 완전한 서원 형태를 갖추었다. 그러나 얼마 지나지 않아 대원군의 서원철폐령으로 이런 건물들이 모두 훼철되었고, 1930년 무렵 집안에서 힘을 모아 그 일부를 서당 형태로 다시 복원하였는데, 이때 복원한 건물이 바로 지금의 단고사이다.

    단고사는 정면 5칸 측면 2칸의 팔작지붕 형태이다. 중앙 3칸은 마루이고, 안쪽 내벽 중앙에 탁절당卓節堂이란 현판을 걸었으며, 좌우 협실 각 1칸을 온돌방으로 만들어 전면에 각각 유사재有似齋, 불괴재不愧齋란 현판을 걸었다. 마루 중앙 처마 밑에는 단고사丹皐祠란 현판을 걸고, 내벽 좌우에는 11세손 손종익孫琮翼이 쓴 「단고사중수기丹皐祠重修記」와 손후익孫厚翼이 쓴 「단산재기丹山齋記」를 걸었다. 그리고 마당 좌측에 방 2칸, 고방 1칸, 전체 3칸 규모의 단산재丹山齋를 두었고, 문은 삼문三門으로 차약문此若門이라 하였다. 「단고사중수기」에 차약이란 '종이 주인같이 목숨을 바쳤음'을 의미한다고 하였다. 묘소는 단고사 뒷면 약 100여 미터 거리에 있고, 숙부인淑夫人 한양조씨漢陽趙氏를 여기에 합장하였다. 묘소 앞에는 병조판서 채제공蔡濟恭이 짓고 정관검鄭觀儉이 쓴 묘갈을 세웠다. 현재 경상북도에서 문화재자료 제329호로 지정하여 보호하고 있다.

    손종로의 불천위 사당은 양동마을 서백당 북측 언덕의 낙선당樂善堂으로 모셨다. 낙선당은 본래 손소의 셋째 아들이고 손중돈의 아우이기도 한 손숙돈孫叔暾이 분가하면서 지은 집이었다. 그런데 손종로의 후손이 들어와 살기 시작하면서 손종로의 호를 따서 낙선당이라 하였으며, 문간채 대문 좌측에 '경절공 우재 선생 현손 병자충신 낙선당 종택景節公愚齋先生玄孫丙子忠臣樂善堂宗宅'

낙선당 사랑채

이란 현판을 걸어 이 집이 손종로의 후손이 거주하는 파종가임을 분명하게 명시해 놓았다.

    낙선당은 양동마을에 남아 있는 경주손씨 집안의 유일한 파종가이다. 집은 입구 쪽 바깥마당을 중심으로 문간채와 곳간채, 사랑채가 ㄷ자 형태로 배치되었고, 사랑채는 다시 그 동편으로 ㅁ자형의 안채와 연결되었으며, 안채 동쪽 끝에 사당채를 조성하였다. 양반가의 집은 대문에서 사랑채를 거쳐 안채에 이르는 공간이 남북으로 길게 이어진 것이 일반적이지만, 이 집은 집 자리의 자연지형에 맞추어 사랑채와 안채 및 사당채를 서에서 동으로 길게 일직선상에 배치한 점이 특징적이다.

　　문간채는 3칸으로, 중앙 대문 1칸을 중심으로 좌우에 마구간과 행랑방을 각 1칸씩 두었고, 대문 바깥쪽 처마 아래에는 '사유청문四維淸門'이란 현판을 걸었다. 사랑마당 서쪽 곳간채는 문간채에 이어 곳간 3칸과 별실 1칸을 만들었다. 사랑마당 북쪽 언덕 아래 자리한 사랑채는 서쪽 곳간채 쪽으로 마루 2칸, 동쪽 안채 쪽으로 사랑방 2칸을 연이어 4칸으로 만들었는데, 마루 안쪽 북벽에 이 집을 상징하는 '낙선당樂善堂'이란 현판을 걸었고, 사랑방 문 위에 '세독충효世篤忠孝'란 현판을 걸었다. '대대로 나라에 충성하고 조상에게 효도하기를 돈독하게 해 온 집'이라는 의미이다.

　　사랑채 우측으로 연결된 ㅁ자형 안채는 안마당을 중심으로 남쪽 전면은 중문 1칸을 가운데 두고 좌우 각 3칸의 광을 만든 전체 7칸의 행랑채이다. 북쪽 후면은 서에서 동으로 부엌 1칸, 안방 2칸, 대청 3칸 등 전체 6칸을 일렬로 배치하였으며, 서쪽 사랑채 방향에 건넌방을, 동쪽 사당 방향에 사당으로 통하는 문과 별실 및 광을 두었다. 이 집은 특히 곳간채의 곳간 3칸을 비롯하여 행랑채의 광 6칸과 안채의 광 2칸 등 곳간과 광이 유난히 많은 점이 흥미로운데, 지난날 이 집이 천석꾼의 부자였다는 소문을 건물 구조를 통해 실증할 수 있다. 국가에서 중요민속자료 제73호로 지정하여 보호하고 있다.

5. 속수서원과 동강서원

　　속수서원涑水書院은 상주지역 백성들이 상주목사로 부임한 손중돈의 선정善政을 기리기 위해 세운 생사당에서 비롯되었다. 손중돈은 중종 1년(1506) 9월 상주목사로 부임하여 연산군시대 이래 혼란했던 기강을 바로잡고 학문을 장려하며 농사를 진작하여 많은 공적을 쌓았다. 그래서 중종 4년(1509) 1월 국왕이 옷 한 벌을 하사하였고, 이를 표창하는 유서諭書를 따로 내렸으며, 2월에는 통정대부로 1계급 특진시키기도 하였다. 그래서 그해 7월 승정원좌승지로 승진하여 서울로 돌아가게 되자, 지역 백성들이 그의 선정을 기념하여 의성군 단밀면 신당마을에 생사당을 세웠던 것이다.

생사당은 산 사람의 사당을 차려 놓고 화상畵像을 받들어 모시는 것으로, 특별한 공적이 있는 분이 아니면 예가 드물다. 그럼에도 상주지역 백성들이 목사 손중돈을 기념하여 이런 드문 예를 실천하였던 것이다. 생사당은 임진왜란 중에 모두 불에 타서 없어졌다. 그래서 약 150년이 지난 효종 7년(1656) 지역 유림들이 발의하여 경현사景賢祠로 이름을 바꾸어 새로운 사당을 건립하였고, 여기에 여말선초 충신 신우申祐를 함께 봉향하였다. 그리고 다시 50여 년이 지난 영조 6년(1703) 마침내 이를 서원으로 승격시켜 신당마을에서 현재의 속암리로 옮김과 동시에, 김우굉金宇宏(1524~1590)과 조정趙靖(1555~1636)을 추향追享하고, 이름을 속수서원涑水書院이라 개칭한 것이다.

속수서원은 순조 26년(1826) 가휴可畦 조익趙翊(1556~1613)을 다시 추향하며 지역의 유수한 서원으로 자리를 잡았다. 그런데 곧이어 고종 5년(1868) 대원군의 서원철폐령에 따라 모든 건물이 훼철되었으며, 위패를 묻은 매판소만 쓸쓸히 남았다. 그러다가 1972년 위패를 묻은 자리 앞에 강당에 해당하는 속수명륜당涑水明倫堂을 처음 복원하였고, 1988년 그 뒤쪽에 옛 사당인 경현사景賢祠를 복원하였으며, 이후 매년 봄 경주손씨를 비롯한 집안 후손들이 함께 모여 향사를 올리고 있다.

속수서원은 출입문인 사주문四柱門부터, 강당인 속수명륜당, 사당 출입문인 내삼문內三門과 경현사까지를 모두 일직선상에 배치한 전학후묘형前學後廟型 서원이다. 명륜당은 정면 4칸, 측면 1.5칸 정도의 팔작지붕으로, 중간 2칸의 마루와 좌우 협실 각 1칸으로 구성되었고, 마루 처마 동쪽에 '속수서원涑水書院', 서쪽에 '속수명륜당涑水明倫堂'이란 현판을 걸었다. 강당과 내삼문은 가파른 계단으로 연결하였는데, 내삼문은 솟을대문 형태이며, 경현사는 1미터가량 높은 기단 위에 정면 3칸, 측면 1칸 규모로 조성하였다. 그리고 사주문에서 내삼문에 이르는 담장을 둘렀고, 경현사에는 별도의 담장을 설치하였는데, 『속수서원지涑水書院誌』에 이런 내용이 자세하게 기록되어 있다.

동강서원東江書院은 숙종 21년(1695) 손중돈의 학덕을 계승하기 위해 양동마을에서 멀지 않은 강동면 유금리 제산 자락 형산강兄山江 가에 세운 또 다른 서원 중 하나이다. 그러나 속수서원涑水書院과 달리 여러 분을 모시지 않고 손중돈 한 분만 모셨다는 점이 주목할 만하며, 이 때문에 집안에서 특별히 관리해 온 곳이기도 하다. 동강서원 건립에 대해서는 후손 손덕승孫德升이 「동강서원중건기東江書院重建記」에서 비교적 자세하게 기술하였다. 손덕승은 이 글에서 손중돈의 6세손 손여두孫汝斗가 처음부터 끝까지 일을 주관하였다고 하였고, "숙종 21년(1695) 봄에 형산강 가에 터를 잡고, 숙종 33년(1707) 가을 묘우廟宇와 강당講堂을 완성하여 처음 향사를 받들었다"라고 하여, 서원을 건축하는 데 무려 13년이나 걸렸던 사실을 밝혀 놓기도 하였다. 유림의 공의에 따라 건립하기는 했지만 서원 건립에 필요한 재원 마련이 만만치 않았음을 암시하는 대목이다.

이런 어려움에도 불구하고 집안에서 동강서원 건립에 특별히 공을 들인 데는 몇 가지 이유가 있었던 듯하다. 손중돈은 불천위로 모셔야 마땅한 인물이었지만, 부친 손소가 이미 불천위여서 한 집안에 부자를 동시에 불천위로 모시기가 어색한 점이 있고, 상주 속수서원이 본래 손중돈의 생사당에서 출발하기는 하였지만, 이후 다른 선현들을 함께 추향하여 이것으로 대신하기에도 미안함이 있었을 것이다. 그래서 동강서원을 건립하여 손중돈을 독좌獨座로 모심으로써 한편으로는 그 학덕을 계승하는 학문의 터전으로 삼음과 동시에 다른 한편으로는 여기에 불천위 사당의 역할까지 일정하게 부여하려고 했던 것이 아니었을까 추측된다. 지금까지 종가에 손중돈의 불천위 사당을 따로 세워 모시지 않는 것도 바로 이런 동강서원의 존재와 관련이 있을 것이다.

그러나 고종 5년(1868) 대원군의 서원철폐령이 내려졌을 때 동강서원 또한 그 철폐 대상에서 벗어나지 못하였다. 그래서 많은 물력을 들여 건설한 서원 건물 일체가 헐려 나갔고, 위패를 모신 숭덕사崇德祠까지 철거되었으며, 1918년 무렵부터 옛 터전에 단壇을 설치하여 겨우 향사를 받드는 정도로 보존해 왔다. 그러다가 20세기 후반 세 차례의 복원공사를 통해 비로소 옛 모습을 되찾았다. 1960년 1차로 위패를 모신 묘우廟宇와 묘우 입구 내삼문內三門 및 강당으로 사용하던 순교당譚敎堂을 복원하였고, 1986년 2차로 강당 양쪽 궁리재窮理齋와 진성재盡誠齋 및 궁리재 아래쪽의 신도비각神道碑閣을 복원하였으며, 1999년 마지막으로 입구 쪽 유도문由道門과 탁청루濯淸樓를 복원함으로써 마침내 오늘날과 같은 서원의 모습을 다시 갖출 수 있게 된 것이다.

동강서원은 남쪽 정면 출입구 쪽의 탁청루에서 순교당을 거쳐 내삼문과 숭덕사에 이르기까지 주요 건물이 일직선상에 위치하였고, 순교당 전면 양옆으로 궁리재, 진성재 등 동서재를 두어 강학공간을 완성하였으며, 문루를 아래쪽 유도문과 위쪽 탁청루의 2층 공간으로 조성하는 등 전체 공간 구도가 영남지역 서원의 전형적인 형태를 따르고 있다. 그리고 문루 동편에 신도비각을 건립한 것이나 문루와 강당 사이의 마당에 망료대望燎臺를 세운 것 등도 모두 영남지역 서원의 전형적인 모습이다.

탁청루는 정면 3칸 측면 2칸으로, 강당 마당에서 중앙 서쪽으로 나무다리를 비스듬하게 놓아 오르내리도록 하였다. 중앙 쪽은 유도문由道門에서 강당 마당으로 통하는 계단이 있어서 이를 피해 그 서쪽에 다리를 설치한 것이다. 남쪽 정면 처마 아래는 '탁청루濯淸樓' 현판을 걸었고, 그 안쪽에는「탁청루중창기濯淸樓重創記」와 중창에 참여한 임원 명단을 적은 임원판任員板을 걸었으며, 맞은편에는 정조 4년(1780) 박손경朴孫慶(1713~1782)이 지은「탁청루기濯淸樓記」현판을 걸어 놓았는데, 임원판에 문화체육부 관

동강서원 탁청루

계자와 경주시 공무원 명단을 두루 기록한 것으로 보아 누각 중창에 국가의 도움이 컸음을 알 수 있다. 동강서원에서 시야가 가장 넓고 전망이 좋은 자리이다.

    강당은 정면 5칸 측면 2칸인데, 중앙 3칸은 마루이고 좌우에 협실을 1칸씩 꾸민 형태이다. 중앙 전면에는 동강서원東江書院이란 큰 글씨의 현판을 걸었고, 안쪽 북벽 중앙에는 강당 이름인 순교당詩教堂이란 현판을 걸었으며, 그 좌우에 숙종 42년(1716) 손덕

동강서원 강당 현판

동강서원 강당 앞「송첨」

승孫德升이 지은 「동강서원기東江書院記」와 향사 때 역할 분담을 기록한 집사판執事板을 걸었다. 그리고 중앙 천정 대들보에 중종 24년(1529) 왕이 손중돈을 치제할 때 예조정랑 김헌윤金憲胤을 보내 하사한 사제문賜祭文 현판을 새겨 걸었다.

강당 동남쪽 문루 동편에는 손중돈의 신도비와 비각을 지었다. 신도비는 이조판서 채제공蔡濟恭이 비문을 짓고, 조윤형曺允亨이 이를 썼으며, 당대의 명필 강세황姜世晃이 전각篆刻 글씨를 썼다. 강당 뒤 숭덕사崇德祠로 오르는 계단은 동서 양계로 구분하여 만들었는데, 숭덕사는 마당에서 3계단이 아닌 5계단 높은 자리에 앉힌 점이 특징적이다. 강당과 사당 서쪽에는 활원재活源齋라는 관리소를 비교적 크게 지었는데, 중앙 마루 양옆으로 서원을 중창하고 보수할 때 성금을 출연한 사람의 명단을 기록한 헌성록獻誠錄과 서원에서 유의해야 할 왕실 제사 날짜를 기록한 국기판國忌版을 걸어 놓은 점이 눈에 띈다.

동강서원은 경주손씨종가의 학문적 역량을 상징하는 공간일 뿐만 아니라, 지역 유림과 함께 고을과 나라의 대소사를 의논하고 여론을 결집하는 구심체 역할을 하였고, 집안에 따로 세우지 않은 손중돈의 불천위 사당 역할까지 겸한 대단히 의미 있는 생활공간이다. 복원한 지 얼마 되지 않아서 문화재의 격이 높지는 않지만, 경상북도 기념물 제114호로 지정하여 보호되고 있다.

6. 상달암과 하학재

　상달암은 손소의 묘사를 봉행하기 위한 재사로, 포항시 연일읍 달전리 429번지 선산에 있다. 이 재사는 건립 연대를 분명히 알 수 없다고 한다. 그러나 손엽孫曄이 지은 「상달암재사중수기上達菴齋舍重修記」에 "성종 15년(1484) 이 자리에 분암墳庵이 있었는데, 세월이 오래되어 기울고 무너짐이 심하였다"라고 한 기록이 있어서, 손소가 세상을 떠난 성종 15년(1484)에 이미 분암 형태로 존재했음을 알 수 있다.

　상달암은 선조 37년(1604) 3월 손엽孫曄이 바로 이 분암을 중수한 것이다. 분암으로 있을 때 규모가 중수 후의 상달암과 같았는지는 불분명하다. 그러나 여러 칸의 방과 화수루花樹樓 등을 두

상달암 전경

상달암 현판
화수루 현판

루 갖춘 상달암과 유사한 규모였음이 분명한 듯하다. 손엽이 같은 글에서 "임진왜란 이후 집안에서 중수하기로 하고, 선조 37년(1604) 3월 내가 도감都監을 맡아 중수에 착수하였다. 재목과 기와 중 썩은 것은 모두 교체하고, 기울어진 화수루 서까래는 모두 바꾸었으며, 칸살 규모를 확대하지는 못하였으나 따뜻한 방 5칸을 마련하여 1년 만에 준공하였다"라고 하여, 이것이 새로 지은 건물이 아니라 기존 분암을 수리하고 용도를 바꾼 것임을 알 수 있기 때문이다.

상달암은 이후 정조 10년(1786)에 다시 한 차례 중수 과정을 거쳤다. 이런 사정은 손소의 10대손 손국제孫國濟(족보 이름 鳳九)가 「상달암재사중수기上達菴齋舍重修記」에서 밝혀 놓았다. 그는 이 글에서 "임진왜란 이후 각 문파에서 성금을 내고 현손 청허재淸虛齋 손엽이 도감都監을 맡아 중수하였는데, 수백 년이 지나 새로 지은 것이 옛것이 되고 완전하던 것이 허물어져 무너진 창과 깨진 벽이 중수 이전의 모양과 같게 되었다. 그래서 정조 9년(1785) 2월에 중수를 시작하였다"라고 하였다. 그리고 이듬해 9월 중수기를 지었는데, 이로 보아 재차 중수하는 데 1년 남짓 걸린 듯하다.

현재의 상달암은 이때 중수한 것이다. 전체 공간은 중간 마당을 중심으로 남쪽 문간채와 북쪽 본채, 동쪽 화수루, 서쪽 행랑채 등 동서남북 ㅁ자형인데, 북쪽 본채와 동쪽 화수루는 'ㄱ'자형으로 연결되었다. 본채는 전체가 5칸으로, 제일 서쪽 1칸은 고방이고 나머지는 모두 온돌방이며, 중앙 처마 기둥 아래 상달암 上達菴이란 현판을 걸었다. 본채 제일 동쪽 방은 화수루와 맞붙었고, 화수루는 그 아래쪽 공간을 비워 둠으로써 공간감을 극대화시켰다. 그리고 화수루 안쪽 좌측에 손엽과 손국제의 「상달암재사중수기上達菴齋舍重修記」 현판 둘을, 우측에 '화수루花樹樓' 현판 하나를 걸어 놓았다. 서쪽 모퉁이에는 여기서 사용하던 우물이 있고, 우물 서쪽에 쪽문을 하나 내었는데, 이 쪽문을 나서 곧장 산으로 올라가면 약 200미터 지점 언덕 위에 손소와 류씨부인의 묘소가 있다. 양동마을 경주손씨의 오랜 역사를 자랑하는 중요한 생활터전으로, 지금도 집안사람들이 늘 왕래하는 곳이며, 경상북도 유형문화재 제290호로 지정하여 보호하고 있다.

하학재下學齋는 손중돈의 묘사를 봉행하기 위한 재사로, 하달전리 177번지 선산에 있다. 이 재사는 「하학재중수기下學齋重修記」에 "옛날 현종顯宗 계묘癸卯에 선생의 현손玄孫 주부공主簿公 종하宗賀씨가 건립하여 편액을 하학재下學齋라고 하였으니, 또한 이만한 조상이 있음에 이만한 후손이 있다 할 만하다"라고 하여 현종 4년(1663) 손종하孫宗賀(1576~1634)가 처음 건립한 것으로 기록하였다. 그러나 중수기의 내용은 문제가 있다. 손종하는 선조 9년(1576) 손시孫時(1555~1603)의 장남으로 태어나 인조 11년(1633)에 세상을 떠났다. 그런데 그가 세상을 떠나고도 30년이 지난 현종 4년(1663)에 어떻게 재사를 건립할 수 있다는 것인가? 여기에는 필시 착오가 있을 것이다.

하학재를 현종 4년에 건립한 것이 확실하다면 건립 주체가 손종하가 될 수가 없고, 건립 주체가 손종하가 확실하다면 건립 연도는 현종 4년(1663)이 아닌 그가 생존했던 시기, 곧 선조나 광해군 인조 연간이라야 한다. 그런데 그 당시 활동한 집안 인물을 복합적으로 고려해 볼 때 건립 주체가 손종하였던 것은 분명한 듯하다. 따라서 건립 연도를 현종顯宗 계묘癸卯가 아닌 임진왜란 직후 선조 36년(1603) 계묘癸卯 혹은 그가 세상을 떠난 인조 11년(1633) 계유癸酉라고 해야 할 듯한데, 인조 11년 이후 4주갑周甲이 지난 고종 10년(1873) 계유년癸酉年에 이를 한 차례 더 중수했다는 것으로 보아, 인조 11년(1663) 계유년癸酉年에 건립했다고 보는 것이 가장 정확할 것으로 판단된다.

하학재는 고종 10년(1873) 중수를 하고 난 이후 근래에 다시 국가의 지원을 받아 대대적으로 보수를 하였다. 이와 같은 사실은 「하학재중수내역기下學齋重修內譯記」에서 자세하게 밝히고 있는데, 2000년부터 2007년까지 약 8년에 걸쳐 종손 손성훈孫成熏이 주관하여 전사청典祀廳을 수리하고, 재사를 중수하여 기와를 갈았으며, 부엌인 포사庖舍를 신축하고, 대문채와 담장 화장실을 신축하였다고 한 것이 바로 그런 것이다. 현재의 하학재는 이와 같은 중수와 보수의 과정을 거친 이후의 모습이다.

하학재는 중간 마당을 중심으로 동쪽 대문채, 서쪽 재사, 남

하학재 전경

쪽 전사청, 북쪽 포사庖舍 등으로 구성되어 있다. 대문채는 3칸 삼문三門 형태이다. 재사는 정면 5칸 측면 2칸으로, 중간 3칸은 대청마루이고, 좌우 1칸은 온돌방이며, 중간 정면에 '하학재下學齋'라는 현판을 걸었다. 같은 자리 안쪽으로 '하학재下學齋'라는 현판을 하나 더 걸었으며, 대청 북벽 좌우에는 「하학재중수기下學齋重修記」와 「하학재중수내역기下學齋重修內譯記」를 걸어 두었다. 묘소는 재사에서 대문을 나와 좌측으로 산모퉁이를 돌아서 올라가야 하는데, 묘소 앞에는 묘갈墓碣이, 그 측면에는 동강서원에 있는 것과 동일한 내용의 신도비가 세워져 있다. 주변에 오랜 세월 이곳을 지켜 온 아름드리 소나무 고목이 우거져 있어서 풍광이 매우 아름답다. 경상북도 문화재자료 제356호로 지정하여 보호하고 있다.

제4장 종가의 제례와 음식문화

종가란 아무리 오랜 세월이 지나도 잊을 수 없는 훌륭한 조상을 불천위로 모시고, 안으로는 그분의 유업을 받들어 집안 전체를 통솔하면서, 밖으로는 지역사회와 나라의 공론 형성에 중심적 역할을 한 으뜸가는 집안을 가리킨다. 그래서 전통 있는 종가라면 조상을 기리는 봉제사奉祭祀와 손님을 접대하는 접빈객接賓客을 중시하기 마련이며, 그때마다 준비한 다채로운 음식이 독특한 음식문화를 만들어 내곤 하였다. 양동마을 경주손씨종가는 20세기 근대사의 격랑 속에서도 이런 유서 깊은 전통을 가장 잘 보존해 온 집안이며, 지금도 그 높은 품격을 제대로 유지하고 있는 대표적 종가이기도 하다.

1. 종가의 연중 제례

　　조상을 추모하고 제사를 받드는 일은 고려 말 『주자가례朱子家禮』가 도입된 이래 어느 집을 막론하고 예외 없이 지켜 온 수백 년의 문화전통이다. 그래서 시대가 달라지고 세상이 바뀐 지금 이 시대에도 대부분의 집안에서 여전히 제사를 봉행하고 있으며, 한 집안의 중심체인 종가의 경우에는 더욱더 그러하다.

　　종가의 제례는 예사 집의 제례와 다른 점이 많다. 예사 집에서는 부모, 조부모, 증조부모, 고조부모의 4대의 제사를 모시며, 4대가 지나면 사당에서 신주를 모셔내어 봉사손奉祀孫이 아닌 최장방最長房의 집으로 차례로 옮겨 가거나 묘소 앞에 가져다 묻고 더 이상 제사를 모시지 않는다. 그리고 그 자리를 다음 세대에게

서백당 불천위 사당(『송첨』)

물려주는데, 이렇게 신주를 옮겨 자리를 바꾸는 것을 체천遞遷이라 하고, 묘소 앞에 묻는 행위를 매안埋安이라 하며, 4대가 지나도 체천하지 않는 분을 불천위不遷位라 하였다.

종가란 이런 불천위를 모시고 있는 집이다. 불천위 제사는 여느 제사와 달리 그 대상이 전국적으로 명망이 높은 특별한 분이다. 그리고 오랜 세월이 흐르는 동안 직계와 방계 자손의 수가 많아져서 원근에서 제사에 참사參祀하는 사람이 대단히 많다. 뿐만 아니라 불천위가 있으면 최소한 불천위 내외분의 기일忌日 큰 제사 2회, 정월 초하루의 설 차례 1회, 8월 보름의 추석 차례 1회 등 적어도 4회 이상의 행사를 더 하여야 한다. 제사의 횟수와 규모가 그만큼 더 많고 거창하였던 것이다.

경주손씨 송재종가는 적개공신敵愾功臣 양민공襄敏公 손소孫昭 내외를 불천위로 모시고 있다. 그리고 그 아들 이조판서 경절공景節公 손중돈孫仲暾은 불천위로 모시지는 않았지만 사실상 불천위와 다름없는 분이다. 시호를 받고 봉군이 되어 불천위가 되어야 마땅함에도 한 집안에 두 불천위를 모시기 어렵다고 하여 따로 사당을 마련하지 못하였을 뿐, 그의 학덕을 기리는 동강서원을 건립하고, 그 서원 숭덕사崇德祠에 독좌로 모시고서 봄가을 제향을 올리고 있기 때문이다.

송재종가는 불천위와 다름없는 차례가 하나 더 있다. 관가정觀稼亭 영당影堂 차례가 바로 그것이다. 관가정 영당에는 손소

서백당 불천위 제례(『송첨』)

의 화상畵像을 봉안하고 있다. 손소의 화상은 적개공신에 책봉되었을 때 나라에서 하사한 것이다. 종가에서는 이 화상을 조선시대 내내 관가정 영당에 신주와 함께 모셔 왔다. 그리고 1924년 종가를 서백당으로 옮겨 갈 때도 신주만 모셔가고 화상은 영당에 그대로 남겨 두었으며, 이후 매년 단옷날이면 여기에서 차례를 모시고 있다. 지금은 농번기를 피하여 영당 차례를 3월 15일로 바꾸었다. 그러나 오랜 세월 온 집안 구성원이 함께 모여 한 해도 거르지 않고 차례를 모시고 있으니, 이 또한 불천위 사당과 다름

없는 곳이라고 하지 않겠는가? 이 집은 그래서 큰 제사만 여러 차례 더 모시고 있는 셈인데, 이를 간단히 보이면 아래와 같다.

음력 1월 1일: 대묘大廟 설 차례

음력 1월 6일: 동강서원 정조향알正朝香謁

음력 2월 下丁: 동강서원 춘향春享

음력 3월 7일: 불천위 고위考位 대제大祭

음력 3월 中丁: 달전리達田里 선영 성묘

음력 3월 15일: 관가정 영당 차례

음력 8월 14일: 불천위 비위妣位 대제大祭

음력 8월 15일: 대묘大廟 추석 차례

음력 8월 下丁: 동강서원 추향秋享

음력 10월 中丁: 상달암上達菴(손소) 묘사

음력 10월 中丁: 하학재下學齋(손중돈) 묘사

*中丁은 중순 丁日, 下丁은 하순 丁日.

2. 불천위를 모시는 절차

　　양민공 손소 내외분의 신주를 모시고 있는 불천위 사당은 종가 동쪽 사랑마당 북편 높은 언덕에 있다. 1924년 종가를 관가정에서 서백당으로 옮겨 오면서 새로 지은 것인데, 불천위 사당을 따로 짓지는 않았다. 사당 내부 제일 좌측 높은 자리에 불천위 자리를 마련하고, 여기서 동쪽으로 차례로 고조부모, 증조부모, 조부모, 부모의 4대 신주를 함께 봉안해 둔 형태이다. 감실은 만들지 않았고, 바닥에 마루를 놓아 방처럼 만들었으며, 제상을 놓고 교의交椅를 설치하여 그 위에 신주를 모셔 놓았다.

　　불천위 대제는 한 해에 두 차례 지낸다. 손소의 기일忌日인 음력 3월 7일과 부인 풍덕류씨豊德柳氏의 기일인 음력 8월 13일이

손소 불천위 사당 신위, 감실(문화재청 『양동 서백당』)

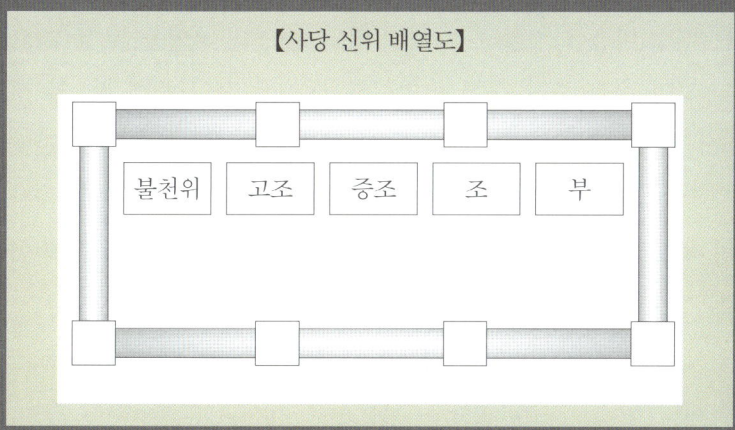

【사당 신위 배열도】

| 불천위 | 고조 | 증조 | 조 | 부 |

다. 대제를 봉행하는 제청祭廳은 서백당 사랑마루에 마련한다. 보통 기제사는 안채 정침正寢에 마련하지만, 불천위 대제는 특별하기도 하고 또 제사에 참사하는 제관이 많아서 넓은 사랑마당을 활용할 수 있는 사랑채를 택한 듯하다. 큰사랑 동쪽 송첨松簷이라고 쓴 현판 아래쪽 문을 벽으로 삼아 먼저 병풍을 가리고, 그 앞에 제청을 마련하여 제사를 시행한다.

제사는 제수 마련 등에 많은 준비가 필요하다. 그래서 여러 날 전부터 미리 준비를 하는데, 기존의 연구와 종손과의 구술면담 자료 등을 참고하여 그 절차와 과정을 간단하게 요약해서 정리하면 대략 다음과 같다.

1) 제사 준비

제사 준비는 유사有司를 따로 선출하여 준비한다. 종가에서는 제수 비용을 지원하고, 제수 범위, 예컨대 과일을 몇 품(종)으로 하라는 등 중요 사항을 지시하며, 제사 당일의 메(젯밥)와 갱(국) 그리고 손님에게 접대할 음식 일부를 장만한다. 당일 제관이 도착하면 시도록時到錄(방명록)을 작성하고, 종손을 중심으로 큰사랑에 모여 소임을 맡을 집사執事를 분정하며, 그 내역을 긴 종이에 붓으로 적은 집사분정기執事分定記를 만들어 벽에 게시한다. 집사는 보통 초헌·아헌·종헌 등 헌관獻官 3인, 홀기를 부르는 찬자贊者 1인, 축문을 맡은 축관祝官 1인, 진설을 맡은 판진설判陳設 3인, 헌작할 술을 맡은 사준司罇 1인, 향을 맡은 봉향奉享 1인, 향로를 맡은 봉

집사분정(「송첩」)

로奉爐 1인, 헌관에게 잔을 받아 건네는 봉작封爵 1인, 잔을 받아 신주 앞에 올리는 전작奠爵 1인, 손 씻을 자리를 맡은 관세위盥洗位 1인, 도합 14인 정도다. 집사분정을 할 때, 한편에서는 분정 내용을 기록으로 남길 문사일기文事日記를 작성하고, 이때 축문도 함께 준비한다.

2) 제청 마련

제사는 새벽 1시경에 지낸다. 그래서 12시 반경이 되면 사랑 마루에 제청을 마련한다. 큰사랑 동쪽 문을 벽으로 삼아 병풍을 설치하는데, 병풍은 집안 문객門客 정윤이 소동파의 후적벽부後赤壁賦를 초서로 쓴 것이다. 원본은 도난당하고 현재는 복사본을 사

불천위 제례에 사용하는 병풍

용하고 있다. 병풍 앞에는 신주를 안치할 교의交椅를 놓고, 교의 앞에 제상祭床을 놓는데, 밤나무 재질로 다리가 높은 고족상高足床이다. 일반 기제사 때는 이보다 키가 조금 낮고 작은 고족상을 쓴다고 한다. 제상 위쪽 좌우에는 촛대(燭臺)를, 제상 앞쪽에는 향로香爐와 향합香盒, 모사기茅沙器와 퇴주기退酒器를 각각 좌우로 놓고, 다시 그 좌우로 축판祝板과 주가酒架를 배치한다. 그리고 마루 아래 집사가 손을 씻을 관세위盥洗位를 설치하면 제청 마련이 끝난다. 이후 집례執禮의 창홀唱笏에 따라 시행한다.

3) 1차 진설

제청이 마련되면 "새벽에 일찍 일어나 나물과 과일을 진설하시오"(闕明夙興 設蔬果)라는 창홀에 따라 진설陳設을 시작한다. 촛대에 촛불을 켜고, 중앙에 시접(수저 접시)을 놓은 다음 좌우에 고위와 비위의 술잔을 하나씩 놓는다. 그다음 과일을 맨 앞줄 왼쪽부터 조棗(대추)·율栗(밤)·이梨(배)·시柿(감 혹은 곶감) 순서로 놓고, 다음 조과造菓(유과, 약과)나 사과·은행·호두·귤 등 제철 과일을 진설한다. 과일 뒷줄에는 왼쪽부터 대구포·문어포 등 3색 포脯, 콩나물·도라지·고사리·미나리 등 4색 숙채熟菜, 간장·초장·초고추장 등 3종 장, 육쌈(천엽)·해쌈(김)·채쌈(배추) 등 3종 쌈, 배추김치·나박김치 등 2종 김치(沈菜)를 놓는데, 이렇게 하면 1차 진설이 끝난다. 음력 8월 비위 제사 때는 수박이 제철이지만, 생전에 수박을 즐겨 드시지 않았다고 하여 진설하지 않는 특징이 있다.

4) 출주

1차 진설이 끝나면 "주인과 모든 집사는 사당 앞으로 가서 차례로 서시오"(主人及諸執事 詣祠堂前 序立)라는 창홀과 함께 사당으로 가서 신주를 모셔 오는 출주出主를 진행한다. 집안마다 다르지만 송재종가는 주인과 축관·봉축·봉로·봉향 등 5명 정도가 간다. 사당 앞에서 우선 두 번 절하고 사당 동문東門으로 들어간다. 주인이 먼저 봉심奉審(신주 상태를 살핌)을 하고, 주인과 집사가 신주 앞에 꿇어앉으면, 축관이 "지금 20대손 성훈成薰(주인 이름)이 신주를 제청으로 모셔 추모하는 마음을 펴고자 합니다"라는 요지의 출주고사出主告辭를 읽는다. 고사를 마치면 주인이 주독主櫝(신주함)을 안고 나와 제청 교의交椅에 안치한다. 그리고 신주 독의 문을 열고(開櫝) 도자韜藉(신주 덮개)를 벗긴 다음 제자리로 돌아가는데, 이렇게 출주 행사가 일단락된다.

5) 참신과 강신

신주의 도자韜藉를 벗기고 주인과 집사가 자리로 돌아온 다음 제사에 참여한 모든 참사자가 두 번 절을 하는데, 이를 참신參神이라고 한다. 교의 위의 신위를 참배한다는 의미이다. 참신을 마치면 주인이 신위 앞에 나아가 향로에 세 차례 향을 집어넣어 향을 피운다. 향을 피우는 행위 자체를 분향焚香, 향을 세 차례 집어넣는 행위를 삼상향三上香이라 하며, 그런 다음에 두 번 절한다. 하늘에 있는 신을 부르는 행위이다. 분향을 마치면 술을 맡은 사준司罇이 술독에서 술을 떠서 주인에게 전하고, 주인은 이를 받아 띠풀을 엮어 담은 모사기茅沙器에 세 번 짐주斟酒(술을 지움)한 다음, 두 번 절한다. 땅속에 있는 신을 부르는 행위이다. 이렇게 하늘과 땅에서 신을 불러 강림하게 함을 강신降神이라고 하며, 이를 마치고 자리로 돌아가면 강신례가 끝난다.

6) 2차 진설

강신례를 마치면 판진설 집사의 주관으로 2차 진설을 한다. 신이 강림하였으므로 더운 음식을 올리는 절차이다. 먼저 반飯(밥)과 갱羹(국)을 술잔 좌우로 나누어 올리고, 이어서 면麵(국수)과 편(편틀에 쌓은 떡), 도적都炙(적틀에 쌓은 炙), 닭산적(散炙, 삶은 장닭), 문

제수 진설

어 산적(삶은 문어), 어탕魚湯(해물탕)·육탕肉湯(쇠고기 탕)·소탕素湯 (두부)·봉탕鳳湯(꿩고기)·잡탕雜湯 등 5탕湯을 올리며, 전은 최근 쓰지 않는다고 한다. 진설 순서는 홀기를 통해 제시하는 경우도 있으나 송재종가에서는 제시하지 않는다.

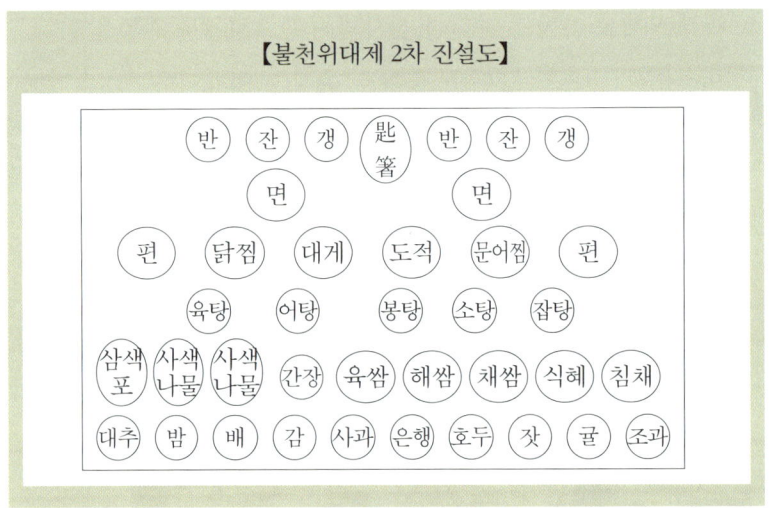

【불천위대제 2차 진설도】

7) 초헌

2차 진설을 마치면 초헌初獻을 한다. 초헌이란 첫 번째로 술을 올린다는 의미로, 주인인 종손이 맡는다. "주인은 관세위로 나아가 손을 씻고 손을 닦으시오"(主人詣盥洗位 盥手帨手) "신위 앞에 나아가시오"(詣神位前)라는 창홀에 따라 초헌이 시작된다. 주인이 신위 앞에 나서면, 좌집사가 고위 앞의 잔대와 술잔을 주인에게 주고, 우집사가 술을 떠서 잔을 치며, 좌집사가 이를 되받아 신위 앞에 올리는데, 이를 헌작獻爵이라고 한다. 헌작이 끝나고 좌우 집사가 잔대와 술잔을 다시 내려 주인에게 주면, 주인이 모사기茅沙器에 조금 비우고 신위 앞에 되올리게 하는데, 이를 좨주祭酒라고 한다. 좨주가 끝나면 집사가 적간炙肝을 신위 앞 시저匙箸(수저) 앞쪽에 올린다. 적간은 안주용 고기로, 그해 제수祭需를 살펴 육적肉炙이나 돔베기를 올린다. 다음 뚜껑 있는 그릇의 뚜껑을 열고 축관이 주인 왼쪽에서 축문을 읽는데, 이를 독축讀祝이라 하며, 요지는 다음과 같다.

維歲次某年某月某朔某日干支 孝二十代孫成熏 敢明告于
顯先祖考某官鷄川君諡襄敏公府君
顯先祖妣貞夫人柳氏 歲序遷易
顯先祖考某官諡襄敏公府君 諱日復臨
追遠感辰 不勝永慕 謹以淸酌庶羞 恭伸奠獻 尙
饗

유세차 모년 모월 모일에 효자 20대손 성훈이 감히 선조고 모관 계천군 시호 양민공 부군과 선조비 정부인 류씨에게 밝게 아룁니다. 해가 바뀌어 선조고 모관 양민공부군의 기일이 다시 돌아

옴에 옛일을 추억하고 시절을 느끼어 길이 사모하는 마음 이길 수 없습니다. 삼가 맑은 술과 몇 가지 음식을 차려 공손하게 받들어 올리오니, 부디 흠향하옵소서.

독축을 할 때 참사자들은 부복하지 않고 서서 대기한다. 그리고 축문에 보통은 "감히 모에게 고한다"는 의미로 '감소고우敢昭告于'라 쓰지만, 송재 집안에서는 손소의 이름자가 '소昭'이기 때문에 이를 피하여 의미가 같은 '명明'자를 쓰는 특징이 있다. 축문 읽기를 마치면 주인이 두 번 절하고 제자리로 돌아가며, 집사자들이 먼저 잔을 내리고 이어서 적을 내리는데, 이렇게 함으로써 초헌 절차가 마무리된다.

8) 아헌과 종헌

초헌이 끝나면 바로 아헌亞獻을 시행한다. 아헌이란 두 번째로 술을 올린다는 의미로, 종손의 부인인 주부主婦가 맡아 시행한다. 손을 씻고 헌작獻爵, 진적進炙 등을 행하는 절차는 초헌과 동일하다. 다만 쇄주한 다음 올리는 안주를 적간炙肝 대신 적육炙肉으로 하는 차이가 있는데, 적육은 꼭 정해진 것은 없고, 그해 제수祭需 가운데 가장 좋은 상어고기나 소고기 등을 올린다고 한다. 그리고 쇄주한 다음 독축讀祝이 없고, 여성이기 때문에 재배再拜

안주인의 아헌(『송첨』)

가 아닌 사배四拜를 한다는 차이도 있다. 특히 중요한 점은 예를 행하는 자리이다. 주부를 비롯한 여성 제관은 제상 정면에 자리한 남성 제관과 달리 제상 동쪽 측면 안채로 통하는 작은사랑문 안에서 예를 행한다. 절을 할 때 남성 참사자들에게 뒤를 보이지 않기 위함이라고 하는데, 이 때문에 술잔을 받아 건네고 절을 하는 등의 일체 행위를 집사의 도움을 받아 작은사랑문 안에서 행한다는 특징이 있다.

아헌이 끝나면 곧바로 종헌終獻을 행한다. 종헌이란 '마지막으로 술을 올린다'는 의미로, 대개의 경우 참사자 가운데 문중 어른이나 연장자가 맡으며, 혹 멀리서 온 제관이나 오랜만에 참사한 제관이 있으면 그 사람을 시키기도 한다. 종헌의 예도 아헌과 마찬가지로 손을 씻은 다음 헌작獻爵・좨주祭酒・진적進炙・재배再拜순으로 진행된다. 한 가지 다른 점은 절을 하고 난 다음 안주로 올린 적炙과 술잔을 내리지 않는다는 점이다. 마지막 잔이기 때문에 그다음의 첨작添酌을 행하기 위해서이다.

9) 유식

종헌이 끝나면 유식례侑食禮를 행한다. 유식이란 '음식을 드시도록 권함'이란 의미로, 주인이 맡아 행한다. 주인이 신위 앞으로 나아가면, 우집사가 메(밥) 뚜껑에 술을 쳐서 주인에게 주고, 주인이 이를 받아 좌집사에게 주면, 좌집사가 이를 받아 신위 내외의 잔에 술을 조금씩 더하는데, 이를 첨작添酌이라고 한다. 초헌・아헌・종헌 등 석 잔을 드셨으나 조금 더 드시기를 권하는 행위이다. 첨작은 주인이 직접 행하고, 홀기에도 그렇게 적혀 있지만, 현재 송재종가에서는 유사가 이를 대행하는 형태로 진행하고 있다. 첨작이 끝나면 집사가 숟가락 앞이 동쪽을 향하도록 메에 숟가락을 꽂고 젓가락은 시접에 바르게 놓는데, 이를 삽시정저插匙正箸라고 한다. 이렇게 삽시정저를 한 다음 주인이 두 번 절하고 제자리로 돌아가면 음식을 권하는 유식례의 절차가 마무리 된다.

10) 합문과 계문

합문閤門이란 '문을 닫다'라는 뜻으로, 신이 안심하고 식사할 수 있도록 문을 닫고 기다리는 절차이다. 송재종가에서는 병풍을 준비하여 제상을 가리는 형태로 시행하는데, 병풍은 교의交椅 뒤의 것과 마찬가지로 후적벽부를 초서로 쓴 병풍을 사용한다. 문을 닫는 일은 축관祝官이 맡아서 하고, 문을 닫고 식사를 하는 동안 제관들은 모두 부복하여 기다린다. 기다리는 시간은 보통 구식경九食頃이라 하여 신이 아홉 숟가락을 뜨는 시간에 해당한다. 이 정도 시간이 흐르고 집사가 "축관은 문으로 가시오"(祝進堂門) "북쪽을 향하여 세 번 기침 소리를 내시오"(北向三噫歆)라고 홀기를 불러 축관이 세 번 기침 소리를 내면 병풍을 걷는데, 이를 계문啓門이라고 한다. 이어서 국그릇을 내리고 '진다進茶'라고 하여 숭늉을 올린다. 홀기에는 차茶를 올리는 것으로 되어 있으나, 이는 중국 풍습이고, 우리나라에서는 대체로 숭늉을 올린다. 송재종가에서는 물을 끓인 후 밥알을 조금 섞은 것을 쓴다. 그다음 숭늉에 밥을 말고 숟가락을 걸쳐 놓으며, 주인 이하 참사자들이 잠시 국궁하여 기다리다가 축관이 신호를 보내면 수저를 내리고 메(밥) 뚜껑을 닫는다. 이렇게 식사가 끝나면 축관은 서쪽에서 동쪽으로, 주인은 동쪽에서 서쪽으로 마주보고 서서 서로 읍을 하며 '이성利成'을 고한다. 일이 순리대로 잘 되었음을 고하는 것이다.

11) 사신 등

사신辭神이란 '신에게 작별 인사를 함'이란 의미로, 신을 보내는 절차이다. 집례가 "주인 이하 모두 두 번 절하시오"(主人以下皆再拜) 하고 홀기를 부르면, 참사자 모두 각자의 위치에서 일제히 두 번 절을 하여 신에게 작별 인사를 한다. 이어서 제상에서 잔을 내려 퇴주退酒(술을 비움)를 하고, 주인이 신주의 도자韜藉(신주 덮개)를 씌우고 신주 독의 문을 닫으며, 축관은 분축焚祝(축문을 태움)을 한다. 이런 절차가 끝나면 주인이 신주를 사당의 원래 자리로 모시는데, 사당에 들어갈 때는 신을 모셨기 때문에 중문中門으로 들어가고 나올 때는 신을 두고 나오기 때문에 동문으로 나온다. 이어서 제상 위의 제수를 철상撤床(제물을 치움)하고 주인 이하 집사와 제관들이 큰사랑에 둘러앉아 삼색나물과 제주로 음복飮福을 한다. 이렇게 해서 제사 절차가 마무리 된다.

3. 영당의 차례, 선영의 묘사

영당影堂의 차례는 손소의 화상을 모시고 있는 관가정觀稼亭 영당에서 시행하는 차례로, 화상이 없는 다른 집에서는 보기 어렵다. 송재종가에서도 종가를 옮기기 전에는 영당 차례 자체가 없었다. 영당이 곧 불천위 사당이어서 따로 지낼 이유가 없었기 때문이다. 그런데 1924년 종가를 서백당으로 옮겨 가면서 신주만 모셔 가고 화상은 이곳에 그대로 남겨 두어 마침내 영당 차례를 시행하게 되었던 것이다.

영당 차례는 본래 매년 단옷날 행사하였다. 그러나 현재는 음력 3월 15일에 모시고 있다. 1970년대 통일벼가 보급된 이후 농사일이 바빠져서 농번기를 피해 이날로 옮겼다는 이야기가 있다. 차례는 종손이 중복해서 모신다는 혐의를 피해 종친회에서 주관하고, 기제사와 다른 차사茶祀이기 때문에 밝은 낮에 지내는 등 불천위 제사와 다른 점이 적지 않다. 이를 간단히 살펴보면 대략 이렇다.

1) 제사 준비

영당 차례 때는 집사와 제관이 관가정 사랑에 모인다. 봄날이라 날씨가 따뜻하기 때문에 의관을 갖춘 제관들이 멀리 안락천이 바라보이는 관가정 마루에 자리를 깔고 대기한다. 이때 참석 상황을 살펴 소임을 맡을 집사를 분정하고, 집사분정기執事分正記를 적어 사랑마루 북쪽 벽에 게시하며, 축문도 이때 함께 준비한다. 집사는 헌관獻官 3인, 축관祝官 1인, 판진설判陳設 2인, 봉향奉香 1인, 봉로奉爐 1인, 사준司罇 1인, 봉작奉爵 1인, 전작奠爵 1인, 관세위盥洗位 1인 등 12명 정도인데, 불천위 때에 비해 찬자贊者가 없고, 판진설判陳設이 2인이란 점이 다르다. 불천위 제사와 달리 절차가 비교적 간단하여 홀기를 부르지 않기 때문에 찬자가 없고, 또 기제사와 달리 메(밥)·갱羹(국)·편(떡) 등이 없는 차례여서 제물 수가 간단하므로 판진설 집사를 1명 줄인 듯하다.

2) 참신

차례는 영당에서 바로 지내기 때문에 제청을 따로 마련하거나 출주出主를 할 필요가 없고, 출주 전에 미리 1차 진설을 하고 강신 이후에 다시 2차 진설을 하는 등의 절차도 필요 없다. 그래서 영당 전면 문을 먼저 모두 개방한 다음, 제관들이 사당 삼문三門 안으로 들어가면, 곧바로 각각의 배위拜位(절하는 자리)에서 화상 쪽을 향해 두 번 절을 하는데, 이것이 곧 참신례參神禮에 해당하는 절차이다.

영당의 차례(『송첨』)

3) 진설

진설陳設은 영당 제상 위에 하며, 불천위 제사의 1차·2차 진설을 함께 겸한 형식이다. 진설에 앞서 화상을 가리고 있는 휘장을 좌우로 걷는다. 신주를 모시는 제사의 개독開櫝에 해당하는 절차이다. 그리고 앞줄 서쪽에서 동쪽으로 조棗(대추)·율栗(밤)·이梨(배)·시柿(감 혹은 곶감)와 호두·사과·귤 등 제철 과일을 진설하고, 중간에 도적都炙·닭산적·문어산적·대게 등을 올리는데, 불천위 제사에 비해 진설 품목이 훨씬 적다. 메(밥)와 갱羹(국)이 없음은 물론, 편틀에 쌓은 편(떡)과 4색 숙채熟菜, 3종 쌈, 김치(沈菜) 등이 하나도 없기 때문이다. 그리고 몇 해 전부터는 이를 아예 서원 향사인 석채釋菜 형식으로 바꾸고, 제물도 같은 방식으로 진설하고 있다고 한다. 내외분을 함께 합설合設하지 않고, 낮에 지내기 때문에 촛대를 놓지 않는 점도 모두 기제사와 다른 특징들이다.

4) 강신

강신降神은 신이 그 자리에 강림하도록 하는 행위로, 초헌관이 주관한다. 초헌관이 꿇어앉아서 향로에 3차례 향을 집어넣는 삼상향三上香, 잔을 받아서 모사기茅沙器에 3차례 지우는 짐주斟酒

등이 기제사와 큰 차이가 없다.

5) 초헌 · 아헌 · 종헌

영당 차례는 기제사와 달리 종친회 회장이 초헌관初獻官을 맡는다. 그리고 아헌亞獻, 종헌終獻도 모두 제사에 참여한 참사관 중 어른이나 연장자나 맡으며, 종손과 종부는 헌관으로 참여하지 않는다. 삼헌三獻 절차는 대체로 기제사와 대동소이하지만, 축문 내용은 전혀 다르다. 영당 차례의 축문 요지는 대략 다음과 같다.

> 維歲次某年某月干支朔某日干支 後學某官姓名 敢明告于
> 先師襄敏公松齋孫先生 伏以形肯麟閣 功蓋鯤疆
> 景節貽謨 文元傳相 文章道義 百世彌光
> 春期影薦 追慕羹牆 尚
> 饗

> 유세차 모년 모월 모일에 후학 모관 성명 모는 감히 선사 양민공 송재 손 선생께 밝게 아룁니다. 엎드려 생각건대, 초상화를 공신각에 걸어, 높은 공이 온 나라를 덮었습니다. 경절공(손중돈)에게 그 꾀를 전하고, 문원공(이언적)이 전해가게 하여, 문장과 도의가 백세토록 더욱 빛납니다. 봄날 영당에 차례를 올리자니, 우러러 추모하는 마음 간절합니다. 부디 흠향하옵소서.

6) 망료와 사신

영당 차례는 메(밥)와 편(떡)이 없기 때문에 삼헌을 마친 후 식사를 권하는 유식侑食, 안심하고 식사하도록 문을 닫고 구식경九食頃을 기다렸다가 다시 여는 합문闔門과 계문啓門 등의 절차가 없다. 그래서 종헌을 마치면 곧이어 모든 참사자가 바라보는 가운데 축관이 축문을 불사르는 망료례望燎禮를 행하고, 헌관 이하 참사자가 모두 자리로 돌아가 두 번 절을 하는데, 이것이 곧 신을 떠나보내는 작별 인사로서의 사신례辭神禮이다. 영당 차례여서 사신례를 마치고 신주를 다시 사당으로 모실 일도 없다. 그래서 바로 철상撤床을 하고 제사 절차를 모두 마무리한다.

7) 음복

차례를 모두 마치면 초헌관 이하 모든 제관들이 다들 관가정 안채 대청에 모인다. 그리고 제사에 사용했던 복주福酒와 약간의 제물祭物로 차린 음복상飮福床을 이곳으로 내오면, 초헌관부터 순서대로 음복飮福을 한다.

영당의 차례는 이처럼 불천위 제사와 다른 점이 대단히 많다. 차례를 집행하는 주체와 장소가 다르고, 차례를 진행하는 시간과 절차가 다르며, 집사의 수와 음복을 하는 자리까지도 많은 차이가 있는 대단히 특별한 행사이다. 그리고 전체적인 진행 절차가 여러 제례 가운데 가장 간편하고 간단하기도 한데, 그럼에도 불구하고 영당 차례를 통해 관가정에 영당을 따로 모시고 있는 의미를 되찾고, 집안 여러 후손들을 헌관으로 참여시켜 후손된 자긍심을 느끼도록 하는 등의 의미를 부여하고 있다.

선영의 묘사는 연일면 달전리 도음산에 있는 양민공 손소의 재사 상달암上達菴과 하달전리에 있는 경절공 손중돈의 재사 하학재下學齋에서 제물을 준비하고, 두 분 묘소에 올라가서 올리는 제사를 말한다. 선영의 묘사는 매년 음력 10월 중정中丁(중순 중 丁日) 같은 날 함께 지낸다. 상달암에서 양민공 묘사를 먼저 끝내면 곧바로 하학재로 옮겨 경절공의 묘사를 지낸다. 이 집에서는 이런 묘사를 흔히 말하는 시사時祀 혹은 시제時祭와 구별하여 성사省祀 혹은 추전秋奠이라고 하였다. 지난날 춘하추동 4계절마다 한 차례씩 지내던 본래의 시제時祭와 구별하기 위함인 듯하다. 두 곳의 묘사는 종가의 불천위 제사와 대동소이하나, 다음과 같은 차이점이 있기도 하다.

1) 묘사 준비

묘사 준비는 양민공 손소의 묘소 아래 있는 상달암에서 한다. 묘사에 참사할 모든 제관들이 미리 상달암 재실에 모여, 참사자 현황을 살펴 소임을 맡을 집사를 분정하고, '상달암추전집사上達菴秋奠執事'라는 제하의 집사분정기를 작성한 다음, 재실 남쪽 문 위에 게시한다. 묘사는 산에서 모시기 때문에 집사분정기에 산신제山神祭의 집사분정을 함께 포함시키며, 그래서 집사분정기 안에 손소를 가리키는 대위大位(큰 어른)와 산신위山神位 등을 따로 구분하여 적는다는 차이가 있다.

2) 제청과 진설

제청은 따로 없다. 묘소 앞 묘비墓碑가 바로 신위에 해당하고, 그 앞에 놓인 널찍한 상석床石이 바로 제상이며, 제상 앞에 향로를 안치할 수 있는 향탁香卓까지 돌로 만들어 놓았다. 그리고 향탁 앞에 자리를 깔아 헌관이 잔을 드릴 수 있도록 하고, 그 앞에 다시 동서로 길게 비닐멍석을 깔아 제관들이 도열할 수 있도록 하였으니, 이것이 바로 제청인 셈이다. 진설 품목과 위치는 불천위 제사 때와 대동소이하다. 다만 진설을 1차와 2차로 나누어 하지 않는다는 차이가 있다. 불천위 제사 때는 출주出主 전의 차가운 제수 1차 진설과 참신參神과 강신降神 이후의 더운 제수 2차 진설을 나누어서 진행하였다. 그러나 묘사 때는 신주를 모셔 나올 일이 없으므로 이를 구분할 이유가 없고, 종가는 물론 재사齋

술로부터 거리가 멀기 때문에 더운 음식을 2차로 내오기도 어렵다. 그래서 영당 차례처럼 이를 구분하지 않고 한 번에 모두 진설하는 차이가 있다.

3) 묘사 절차

묘사는 참신參神·강신降神·초헌初獻·독축讀祝·아헌亞獻·종헌終獻·유식侑食·분축焚祝·사신辭神 등 일체의 과정이 불천위 제사와 대동소이하다. 다만 묘소에서 직접 행사함에 따

상달암 묘사(『송첨』)

라서 생기는 몇 가지 차이가 있다. 우선 신주를 모셔 나오는 출주出主가 있을 수 없고, 묘소 앞인지라 문을 닫는 합문闔門과 문을 다시 여는 계문啓門이 없으며, 사신辭神 이후 신주를 다시 사당으로 되모시는 절차도 없다. 그리고 여성 제관이 참사하기 어렵기 때문에 종부가 맡던 아헌관을 집안 어른이 대신하고, 축문 내용도 차이가 있다. 묘사 때 사용하는 축문 내용은 대략 다음과 같은 요지이다.

維歲次某年某月干支朔某日干支 孝二十代孫成熏 敢明告于
顯先祖考某官鷄川君諡襄敏公府君
顯先祖妣貞夫人柳氏之墓 氣序流易 霜露旣降 瞻掃封塋 不勝感
慕 謹以淸酌庶羞 祗薦歲事 尙
饗

유세차 모년 모월 모일에 효자 20대손 성훈은 감히 선조고 모관 계천군 시호 양민공 부군과 선조비 정부인 류씨의 묘소에 밝게 아룁니다. 계절이 바뀌고 서리가 이미 내려, 우러러 묘소를 청소함에 사모하는 마음 이기지 못하겠습니다. 삼가 맑은 술과 몇 가지 음식으로 공손히 묘사를 올리니, 부디 흠향하옵소서.

4) 산신제, 기타

산신제山神祭는 양민공 손소 내외분의 묘사가 끝난 직후 바로 지낸다. 제상은 따로 마련하지 않고, 제물도 과일 몇 종과 도적都炙, 편(떡) 등을 중심으로 간단하게 차리며, 헌관獻官도 종손이 아닌 문중 어른 중 한 분이 맡아서 한다. 헌관이 잔을 올린 다음 축관이 축을 읽는데, 산신 축문 내용은 대략 다음과 같다.

維歲次某年某月干支朔某日干支 幼學孫某 敢明告于
土地之神 孫成熏 恭修歲事于
先祖考某官鷄川君諡襄敏公府君之墓 維玆保佑 實賴
神休 敢以酒饌 敬伸奠獻 尙
饗

유세차 모년 모월 모일에 유학 손모는 감히 토지신께 밝게 아룁니다. 손성훈이 삼가 선조고 모관 계천군 시호 양민공 부군의 묘소에 묘사를 지냈습니다. 이렇게 보우함이 실로 신의 훌륭함 덕분인지라, 감히 술과 음식을 삼가 받들어 올리니, 부디 흠향하옵소서.

산신제를 마치면 모든 참사자들이 하달전리에 있는 하학재로 이동하여 그날로 우재 손중돈 내외분의 묘사를 지낸다. 손중돈의 묘사 절차 등은 모두 손소의 경우와 동일하다. 다만 손중돈의 묘역에는 재취부인 화순최씨和順崔氏가 함께 있어 이 두 분의 묘사를 먼저 지내며, 초취부인 숙인홍씨淑人洪氏의 묘사는 양진암養眞菴에 따로 모시고 있어, 손중돈 내외의 묘사와 산신제가 끝난 다음 따로 행한다.

4. 서원 향사에 담긴 뜻은

　　동강서원 숭덕사(崇德祠)에는 여러 분을 모시고 있는 여타 서원과 달리 손중돈 한 분을 독좌로 모시고, 매년 음력 2월과 8월 하정(하순 丁日) 2차례에 걸쳐 향사를 올리고 있다. 향사 주체는 유림이지만, 손중돈을 독좌로 모시고 있어서 불천위와 다름없는 의미가 있고, 종가에 손중돈의 불천위 사당이 따로 없기 때문에 그런 의미가 더욱 강하다. 다만 동강서원 향사는 유림에서 집행하는 공적 서원 향사여서 절차가 훨씬 복잡하고 엄정한데, 그 특징적인 면만 간단히 소개하면 다음과 같다.

동강서원 숭덕사

1) 향사 이전의 준비

서원 향사는 향사가 드는 달 초하루부터 미리 준비한다. 이 날 유사들이 서원에 모여 향사 날을 미리 확인하고, 나라의 국기일國忌日과 겹치면 날을 바꾼다. 그래서 고직사庫直舍에 국기일을 명시한 국기판國忌板을 걸어 둔다. 향사 날을 잡는 데 참고하기 위함이다. 그리고 초헌관·아헌관·종헌관·대축大祝·집례執禮 등 핵심 5집사執事를 먼저 추천하여 위촉장을 보내는데, 이 위촉장을 망기望記라고 한다.

향사에 참여할 참사자는 모두 향사 하루 전인 정재일整齋日까지 서원에 들어와야 한다. 과거에는 이틀 전인 입재일入齋日까지 들어왔어야 했는데, 지금은 생활의 편의를 고려하여 이렇게 바꾸었다. 제수祭需는 서원 유사가 물목物目을 참고하여 미리 준비하는데, 모두 익히지 않은 날것으로 준비한다. 향사의 대상이 공적과 학덕學德이 탁월하여 희생犧牲의 피로 제사를 받는 혈식군자血食君子이기 때문이다. 그리고 여성은 제사에 참여하지 않으며, 남성이 모든 일을 맡아서 행하는 특징이 있다.

2) 집사분정과 감생

집사는 불천위 제사 때보다 그 수가 훨씬 많다. 주요 참사자를 안내하는 알자謁者 1인, 헌관을 인도하는 찬인贊引 3인, 음식을 맡은 장찬掌饌 1인, 희생을 맡은 장생掌牲 1인, 당직을 맡은 직일直日 1인, 제기 세척을 맡은 척기滌器 1인, 기타 학생 1인, 공사원公事員 2인 등이 모두 이때 새로 임명하는 집사들이며, 특히 장생掌牲과 직일直日은 다른 서원 집사분정기에도 잘 보이지 않는 예이다. 집사분정 결과는 기다란 종이에 적어 서원 강당 돈교당敦敎堂 북벽에 걸린 집사판執事板 아래 게시한다.

감생監牲은 향사에 쓸 '희생을 살펴본다'는 뜻으로 성생省牲이라고도 하는데, 사우祠宇 밖에 따로 마련한 장소에서 행한다.

감생 장면(『송첨』)

희생은 돼지를 쓰며, 이 때문에 시생豕牲이라 일컫기도 한다. 시생은 1마리를 통째로 쓰는데, 묘우에 여러 분을 모신 다른 서원의 경우 이를 머리와 몸체, 그리고 몸체를 다시 여러 부위로 나누어 쓰기도 한다. 그러나 동강서원은 손중돈 1분만 모시고 있어서 나눌 필요가 없다. 희생을 살핀 다음 담당 집사인 장생掌牲이 충실한지를 물어보는 의미로 '충充'이라고 하면, 헌관이 '돌腯'이라고 대답한다. '돌腯'이란 살이 쪄서 제물로 부족함이 없음을 확인한다는 뜻이다.

3) 식상개좌와 찬품제구

식상개좌食床開座는 헌관 이하 집사들이 강당인 돈교당敦教堂

에 모여 자리를 깔고 사방으로 줄지어 앉아 저녁 밥상을 받는 것을 말한다. 밥상은 개인별로 각각 따로 차린 외상이다. 원래는 향사 이틀 전인 입재일入齋日부터 받았지만, 요즈음은 참사자가 하루 전에 들어오기 때문에 하루 전인 정재일整齋日 저녁에 받는다.

　찬품제구饌品諸具는 각종 제수와 도구를 가리킨다. 제수와 도구는 불천위 제사와 전혀 다르다. 익힌 도적都炙 대신 익히지 않은 희생犧牲을 쓰고, 끓인 메(밥)와 갱羹(국) 대신 끓이지 않은 도稻(벼)와 서黍(기장)를 쓰며, 익힌 숙채熟菜 대신 생채生菜를 다듬어 쓴다. 그리고 도구도 기장을 담는 장방형 보簠, 벼를 담는 원형 궤簋, 마른 것을 담는 변籩(대그릇), 젖은 것을 담는 두豆(나무그릇) 등이 따로 있으며, 잔도 작爵의 옛 형태이다. 이런 찬품제구를 미리

식상개좌(『송첨』)

점검하여 문제가 없으면 낱낱이 종이로 싸서 근봉謹封이라고 적어 보관한다. 요즈음은 번거로움을 피하기 위해 술두루미와 국자만 이렇게 하고 나머지는 큰 종이로 덮어 두는데, 시행 장소는 대체로 동재東齋를 이용한다.

4) 향사 집행

향사는 축시丑時(새벽 1~3시)에 집행한다. 향사를 행할 시각이 임박하면 헌관 이하 여러 집사와 참사자들이 모두 세면과 세수를 하여 몸을 청결하게 한다. 그리고 헌관 등 주요 5집사는 간단하게 차린 미음죽을 먹는데, 시장기가 심할 때 나는 구감口疳(입냄새)을 제거하여 향사를 정결하게 진행하기 위한 절차 중 하나이다. 그리고 모든 참사자가 의관을 정제하고 강당에 모여 먼저 서로 간단하게 인사하는 상읍례相揖禮를 하고, 그 뒤에 숭덕사崇德祠로 옮겨 가서 홀기에 따라 향사를 집행한다.

진설은 숭덕사 사당의 신위 앞 제상에다 한다. 진설 품목과 위치는 불천위 제사 때와 전혀 다르다. 신위를 기준으로 바로 앞 서쪽에 궤서簋黍(기장), 동쪽에 보도簠稻(벼)를 차리고, 다시 그 서쪽에 어해魚醢(어물젓: 돔베기) · 녹해鹿醢(사슴젓: 소고기)와 청저菁菹(무청) · 구저韭菹(부추: 미나리) 등 젖은 제수 4종을 두豆(나무 그릇)에 담아 두 줄로 진설하고, 그 동쪽에 건조乾棗(말린 대추) · 녹포鹿脯(사슴

향사 독축 장면(『송첨』)

포: 육포)와 율황栗黃(껍질 밤)·어숙魚鱐(어포: 대구포) 등 마른 제수 4종을 변籩(대그릇)에 담아 두 줄로 진설하며, 가운데는 통돼지 희생을 머리가 서쪽을 향하도록 진설한다. 그리고 그 앞줄 좌우에 촛대를 세우고 중간에 향로와 향을 놓은 다음, 다시 그 앞에 작爵(잔)을 놓는다.

집행 절차는 신위의 문을 여는 개독開櫝부터 시작하여, 참신參神·강신降神·전폐奠幣·초헌初獻·독축讀祝·아헌亞獻·종헌終獻·음복수조飮福受胙·망료望燎(축문을 사름)·사신辭神 등을 거치고, 다시 신위의 문을 닫는 합독闔櫝에까지 이어져서, 크게 보면 불천위 제사 때와 대동소이해 보인다. 그러나 강신과 초헌 사이에 초헌관이 먼저 광주리에 폐백幣帛을 담아 신위 전에 올리는 전폐례奠幣禮의 절차, 종헌과 망료례望燎禮 사이에 여러 참사자가 지켜보는 가운데 초헌관이 먼저 복주福酒를 조금 마시고 육포를 1점 먹는 음복수조飮福受胙의 절차 등이 따로 추가되어 있다는 점은 대단히 중요한 차이점이다. 그리고 축문 내용도 물론 다른데, 주요 내용은 대략 다음과 같다.

維歲次某年某月干支朔某日干支 某姓名
敢明告于
先師景節公愚齋孫先生 伏以功存繼開 道著平治 窮理盡性 爲百世師 茲値春(秋)丁謹以淸酌牲幣 式陳明薦 尚
饗

유세차 모년 모월 모일에 성명 모는 감히 선사 경절공 우재 손 선생께 밝게 아룁니다. 엎드려 생각건대, 공이 선현을 계승하여 후학을 열어 줌에 있었고, 도가 나라를 다스림에 드러났으며, 이치를 궁구하고 천성을 다해, 백대의 사표가 되었습니다. 이에 봄(가을) 향사 날을 맞이하여, 삼가 맑은 술과 희생 폐백을 올리니, 부디 흠향하옵소서.

5. 제사 음식의 이모저모

송재종가는 음식이 정갈하기로 전국적으로 유명하다. 서백당 사랑에 들러 한 번이라도 음식 대접을 받아본 사람이면, 누구나 그 잔반의 깨끗하고 단정함, 음식의 정갈함과 맛깔스러움, 음식 종류의 다양함과 독특함 등에 감탄을 금치 못할 정도이다. 모두 접빈객에 남다른 정성을 기울이는 종손과 종부의 아름다운 인품이 우러난 결과이겠지만, 언제나 준비된 듯 차려 나오는 그 솜씨가 신기하기만 하다.

필자 또한 이런저런 사연으로 서백당 사랑을 몇 차례 방문한 적이 있다. 그런데 그때마다 다과상이 나오는데, 다과를 담은 그릇이 깨끗하고 고급스러움은 물론, 다과 종류가 많지 않으면서도

다과상(『송첨』)

고급스럽고, 모양이 아름답고 품격이 높았으며, 다른 집과 차별되는 이 집만의 특징을 잘 갖추고 있는 듯하였다. 그래서 궁금증을 참기 어려워 실례를 불고하고 동석한 안주인에게 질문을 해보았다. 이렇듯 독특하고 품격 높은 음식을 순식간에 차릴 수 있는 비결이 무엇이냐고. 안주인의 대답은 의외로 간단하였다. 집안에 제사가 많아서 언제나 제수를 마련해 두고, 제사를 모신 이후에는 특히 견과류 등을 잘 보관하였다가 갑자기 손님이 방문할 때 이를 차려 내온다는 것이었다.

당시에는 이 말이 그다지 실감이 나지 않았다. 그런데 불천위 대제를 비롯한 각종 제사의 제수 품목을 보고는 이를 충분히

수긍할 수 있었다. 제사 음식이 참으로 다양하고 풍성하면서도 독특한 것이 많음을 발견했기 때문이다. 편대 위에 어림잡아 20층 이상으로 까마득하게 쌓아올린 각종 떡을 비롯하여, 돔·조기·상어·쇠고기·돼지고기 등을 푸짐하게 쌓아올린 도적都炙, 문어산적·닭산적·대게산적 등 각종 산적, 3색 전煎, 4색 나물, 5종 과일, 5종 견과류, 5종 탕湯, 3종 쌈, 3종 장醬 등 가까운 동해바다의 해산물부터 육지의 곡류와 육류 음식, 산지의 과일과 채소에 이르기까지 그 종류가 참으로 다양하였으며, 오랜 역사적 전통이 쌓여 하나의 음식문화를 이루었던 것이다.

제수 준비 장면(『송첨』)

　제사 음식은 워낙 종류가 많기도 하고 또 철마다 다른 것도 적지 않아서 여기서 일일이 다 소개하기는 어렵다. 다만 그 가운데 특별히 눈에 띄는 몇 가지만 간단히 소개하자면 대략 아래와 같은 것을 들 수 있을 법하다.

1) 편(떡)

편틀 위에 가지가지 떡을 쌓아 올린 것이다. 제사 때마다 불천위 내외분 각 한 틀씩 모두 두 틀을 만들어 놓는다. 본편과 그 위에 얹는 웃기떡으로 구분할 수 있는데, 아래서부터 쌓아 올리는 순서대로 열거해 보면 대략 이렇다.

- 본편: 누런 고물과 흰 고물 떡 두 종으로 켜를 만들어 쌓는다.
- 백편: 밤, 석이, 대추, 잣 등으로 당초나 모란 문양을 만들어 고명을 놓는다.
- 절편: 백색 흰 절편과 쑥을 넣은 녹색 절편 2가지가 있다.
- 인절미: 개피 흰고물, 녹두, 검은 깨 고물 등으로 백색, 녹색, 황색 3종을 만든다.
- 부편: 찹쌀가루 반죽을 둥글게 빚고, 볶은 콩가루와 꿀, 계핏가루를 섞어 만든 소를 넣으며, 대추, 곶감, 고명을 얹어 찐 다음 흰 고물을 묻힌 떡이다.
- 송편: 백색과 녹색 2종이 있다. 녹색 송편은 모시송편이라고 부른다.
- 쑥구리: 쑥으로 만든 찹쌀떡 단자이다. 기록에는 예단자艾團子로 나온다.
- 경단: 흰깨, 검은깨, 콩고물로 흰색, 흑색, 황색 등 3종을 만

편 쌓기(『송첨』)

든다.

- 화전: 진달래꽃을 찹쌀가루에 버무려 섞어 둥근 모양으로 만들고 팬에 지진 다음, 그 위에 진달래 통꽃을 고명으로 놓는다. 고명을 먼저 놓고 지지기도 한다. 가을에는 서백당 사랑마당의 배롱나무꽃을 따서 같은 방법으로 만든다. 이 집에만 있는 독특한 음식이다.
- 주악: 조각糙角 혹은 조약이라고 하며, 기름에 튀긴 떡이다.
- 잡과편: 완자를 둥글게 만들어 찐 다음, 꿀물을 바르고, 채

썰어 준비한 밤, 대추, 석이버섯을 묻혀서 찐 것이다.

2) 도적과 기타 적

도적都積은 적틀 위에 어적魚炙, 육적肉炙 등을 함께 쌓아 올린 것을 말한다. 어물과 고기를 망라하는데, 아래에서부터 쌓아 올리는 순서대로 열거하고, 기타 따로 올리는 적들을 함께 열거해 보면 대략 이렇다.

- 어적魚炙: 돔, 조기, 등 푸른 생선 등을 마리고기로 2손씩 놓는다.
- 상어산적: 상어고기를 네모지고 두껍게 포를 떠서 소금에 절인 다음 지진 것이다. 돔배기라고 한다. 꼬치를 꿰어 손을 대지 않고 다룰 수 있도록 엮어 놓는다.
- 쇠고기산적: 손을 대지 않고 다루도록 꼬치를 꿰어서 엮어 놓는다.
- 돼지산적: 손을 대지 않고 다루도록 꼬치를 꿰어서 엮어 놓는다.
- 문어산적: 문어다리를 가르고 삶아서 별도의 제구에 따로 놓는다.

도적거리와 탕(『송첨』)

- 게산적: 대게 2마리를 삶아서 별도의 제구에 따로 놓는다.
- 닭산적: 수탉 한 마리를 삶아서 별도의 제구에 따로 놓는다. 꼬치를 꿰어 손을 대지 않고 다룰 수 있게 한다.

3) 포, 탕, 전, 찜류

- 포脯: 건어물로 대구포, 말린 문어(낙지)포, 열합포 등 3종을 쓴다.

- 탕湯: 어탕(해물탕), 육탕(소고기), 소탕(두부), 봉탕(꿩), 잡탕 등 5탕을 쓴다.
- 전煎: 참가자미전을 쓴다.
- 찜: 갈비찜을 쓴다.

4) 국, 장, 찌개 등

- 국: 고기, 버섯, 무 등을 넣은 맑은 쇠고깃국이다.
- 장: 간장, 초간장, 초고추장 등 3종을 썼는데, 현재는 간장만 쓴다.
- 찌개: 조기를 넣은 맑은 신선로식 찌개이다.
- 김치: 배추김치(현재는 쓰지 않음)와 나박김치(물김치)를 쓴다.

5) 생채, 숙채, 쌈 등

- 생채: 맑은 더덕무침을 쓴다.
- 숙채: 삼색 나물과 구절판말이를 올린다.
- 쌈: 어魚(김), 육肉(천엽), 소素(배추) 등 세 가지 쌈을 올린다.
- 나물: 콩나물, 도라지, 고사리, 미나리 등 4색 나물을 올린다. 각각 1/4씩 한 그릇에 담아 두 그릇을 올린다.

6) 과일과 조과류

- 과일: 사과, 배, 감(곶감) 및 제철 과일 2가지를 쓴다.
- 건과: 대추, 밤, 잣, 호두, 은행 등 5가지를 쓴다.
- 조과造菓: 유과와 약과 2종을 쓴다.

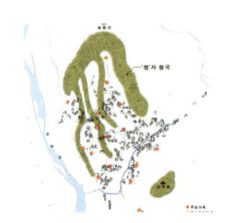

제5장 종가 유품, 문화재가 되다

양동마을 경주손씨종가는 문화재가 많기로 특히 유명하다. 보물 제442호 관가정과 중요민속문화재 제23호 서백당을 비롯하여, 낙선당(중요민속문화재 제73호), 수운정(중요민속문화재 제80호), 상달암(경북유형문화재 제290호), 하학재(경북문화재자료 제356호), 동강서원(경북기념물 제114호), 정충비각(경북문화재자료 제261호), 단고사강당(경북문화재자료 제329호) 등 각종 건축물은 물론, 손소 부부의 묘비와 석인상(경북유형문화재 제390호), 손중돈 부부의 묘비와 석인상(경북유형문화재 제391호), 기타 서백당 사랑마당의 향나무(경북기념물 제8호)까지 모두 문화재로 지정되었다.

이 집안의 문화재는 여기에 그치지 않는다. 건축이나 석물보다 전적과 고문서 가운데 중요한 것이 더 많다. 국보 제283호 『통감속편』을 비롯하여, 「손소적개공신도상」(보물 제1216호), 「손소적개공신녹권」(경북유형문화재 제13호), 「손소자녀칠남매화회문기」(경북유형문화재 제14호) 등이 모두 그런 것이며, 『지정조격』, 『해동명적』, 『역대군신도상』 등 아직 지정되지 않은 자료 가운데도 문화재급이 허다하다. 특히 이 집은 전국에서 조선 전기 고문서를 가장 많이 소장한 집이기도 한데, 전체 소장 자료 567점 중 절반가량인 272점이 모두 15~16세기의 귀중한 자료이다. 손소와 손중돈 이래 조상의 유품을 소중하게 간직해 온 결과인데, 그중 특별히 중요한 몇 가지만 가려서 살펴보자.

1. 국보가 된 전적들

　이 집안에 소장하고 있는 전적 가운데는 나라의 보배인 국보가 있다. 국보 제283호 『통감속편通鑑續編』이 바로 그것이다. 그리고 이보다 더 중요한 가치가 있는 국보급 자료가 하나 더 나왔다. 원나라의 법률을 기록한 세계 유일의 자료 『지정조격至正條格』이 바로 그것이다. 이처럼 국보급 자료를 2종 이상 소장한 집은 국내에서 유래를 찾아보기 어려우며, 이 집의 오랜 역사를 단적으로 증명하는 것이다.

1) 『통감속편』

『통감속편通鑑續編』은 원元나라 때의 역사가 진경陳桱이 중국의 대표적 역사서 중 하나였던 『통감通鑑』에서 빠진 부분을 보완하여 24권 6책으로 편찬한 역사책이다. 진경은 전통적인 역사가 집안 출신으로, 조부 이래의 가학을 전수받아서 역사에 대한 조예가 대단히 깊었다. 그는 평소 사마광司馬光의 『자치통감自治通鑑』과 주희朱熹의 『자치통감강목自治通鑑綱目』이 모두 중국 고대 위열왕威烈王 이전과 당말오대唐末五代 이후 송나라 역사를 기술하지 않은 점을 유감스럽게 생각하였다. 그리고 원나라 김이상金履祥이 따로 중국 고대 역사를 보완한 『통감전편通鑑前編』이란 책을 지었으나 역시 누락된 부분이 많다고 비판하였다. 그래서 중국 고대 역사에서 누락된 부분 1권, 당나라 말기 역사 1권, 그리고 당나라 이후 송나라 역사 22권, 전체 24권을 저술하고, 이름을 『통감속편』이라고 하였다. 서술 체계와 주석 방식은 대체로 주희의 『통감강목』을 따랐는데, 이 때문에 이를 '통감속편通鑑續編'이 아닌 '속강목續綱目'이라고 해야 한다는 견해도 있다.

중국에서는 원나라 지정至正 21년(1361) 이 책을 처음 간행하였다. 그리고 곧이어 고려로 반입되었는데, 통감에서 기술하지 않은 역사를 폭넓게 기술하고 있다는 점 때문에 지식인들 사이에 수요가 대단히 많았다. 그래서 원나라에서 이 책을 간행하고 약

60년이 지난 조선 세종 4년(1422) 국내에서 이를 별도로 다시 간행하였는데, 앞부분 서문과 목록 서례書例 등은 태종 3년(1403)에 주조한 계미자癸未字를 사용하고, 나머지는 모두 세종 2년(1420) 새로 주조한 경자자庚子字를 사용하였다.

서백당종가에 소장하고 있는 『통감속편』은 바로 세종 4년(1422)에 간행한 금속활자본이다. 서백당에서 이 책을 소장하게 된 경위는 분명하지 않다. 손소가 적개공신에 책봉되었을 때도 이를 하사받은 기록이 없고, 손중돈이 하사받은 책 가운데도 사마광의 『자치통감自治通鑑』과 주희의 『소미통감강목少微通鑑綱目』은 있지만 이 책에 대한 기록은 전혀 없기 때문이다. 그리고 이 책을 간행할 당시 손소는 아직 출생도 하지 않은 상태였다. 반면 그의 부친 손사성孫思晟은 바로 그 이듬해인 세종 5년(1423) 문과에 급제하여 집현전부교리로 훈민정음 제정에 참여하는 등 활발한 활동을 하였는데, 이런 점을 고려할 때 이 책은 손소의 부친 손사성이 획득한 것일 가능성이 가장 높다. 조선 초기 금속활자본으로, 6책 완질을 다 갖추고 있을 뿐만 아니라, 다른 곳에서 동일한 책을 찾아보기 어려운 아주 희귀한 책이어서, 국보 제283호로 지정하여 보호하고 있다.

『통감속편』(『송첨』)

『지정조격』(『송첨』)

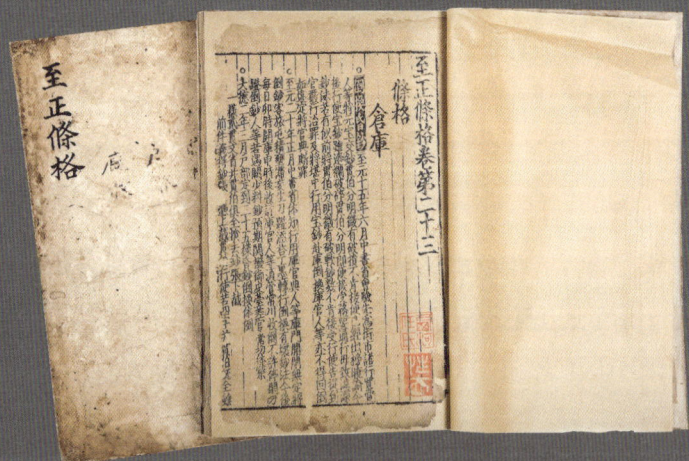

2) 『지정조격』

『지정조격至正條格』은 중국 원나라의 대표적 법전法典 중 하나이다. 이 책은 몽골이 원元을 건설하여 중원을 지배하면서 몽골에서 통행하던 관습률慣習律과 중국 전통 성문률成文律을 통합 조정하여 세계 제국을 통치하는 데 적합한 법체계를 정비해 나가는 과정에 등장한 것이다. 원나라 순제順帝 지정연간至正年間(1341~1367)에 편찬했다고 하여 '지정至正'이라 하였고, 각종 법률 조문을 격식별로 나누어 수록한 책이라고 하여 '조격條格'이라 하였다. 세계 어디서도 발견된 적이 없는 귀중본이다.

원나라는 이 책을 편찬하기 이전 지원至元 21년(1284)에 먼저 『지원신격至元新格』이란 법전을 만들었다. 그리고 이를 계속 정비하여 인종仁宗(1311~1319) 때는 『풍헌굉강風憲宏綱』, 영종英宗(1320~1323) 때는 『대원통제大元通制』란 법전을 만들었고, 여기에 새롭게 추가된 황제의 명령 사항과 다양한 적용 사례를 더욱 체계적으로 보완하여 마침내 최종적으로 『지정조격』이란 종합적 법전을 편찬하였다.

중국에서는 대략 원나라 순제順帝 지원至元 4년(1338) 2월 중서평장정사中書平章政事 앙길이昻吉爾를 이 책을 편찬하는 감수관監修官으로 임명하고, 법률 경험이 많은 관리를 다수 편수관으로 임명하여 편찬에 착수하였다. 그래서 지원 5년(1339) 11월 마침내 책 편찬을 완료하였고, 이듬해(1340) 4월 반포하였으며, 그다음 해인 지정 원년(1341)부터 비로소 본격적으로 적용하기 시작하였던 것이다. 따라서 『지정조격』의 '지정'은 편찬 연도가 아닌 적용 연도와 관련된 표현이라고 해야 할 법하다.

원나라에서는 『지정조격』을 반포한 이후 각종 업무 처리와 소송 판결을 대부분 여기에 근거하여 처리하였다. 그래서 당시 역사를 기록한 원사元史를 보면 사안별로 『지정조격』을 적용한 사례를 다수 발견할 수 있다. 그리고 반포 직후 원의 지배하에 있던 고려에도 당연히 전달하여 적용하게 하였을 터인데, 그렇다면 이 책은 고려 후기부터 조선 초기 『경국대전經國大典』을 편찬할 때까지 국내 법체계를 이해하는 데 대단히 중요한 책이라고 할 수 있다. 뿐만 아니라 세종 5년(1423)에는 외교와 의례儀禮 등에 참고하기 위하여 승문원承文院에 명령하여 국내에서 이 책 50부를 따로 인쇄하여 배포하게 하기도 하였는데, 이렇게 할 정도로 조선 초기 내내 중요한 참고서로 사용되었다.

그러나 이 책은 청나라에서 사고전서四庫全書를 편찬할 때 이미 원본이 몇 권인지 알 수 없을 정도로 희귀하였다. 그래서 사고전서에 이 책을 수록하지 못하였으며, 다만 명나라 때 편찬한 『영락대전永樂大典』을 인용하여 그 개략적 규모와 내용만 간단하게 소개하고 그쳤다. 그런데 몇 해 전 서백당종가에서 바로 이 『지정조격』 2책이 나왔다. 내용은 형사법의 일종인 단례斷例와 일반 법률인 조격條格으로 구분되었고, 조격이 다시 창고倉庫, 부역賦役, 의약醫藥, 옥관獄官 등 여러 조항으로 구분되었으며, 전체 23권 2책이었는데, 이런 사항이 사고전서에서 기술한 내용과 거의 일치하였다.

　서백당종가에서 어떻게 이 책을 소장하게 되었는지는 알 수가 없다. 그러나 손소의 아버지 손사성부터 손소를 거쳐 손중돈까지 내리 3대가 중앙 요직을 역임한 사실을 통해 그들 당시 입수한 것은 분명한 듯하며, 특히 세종 연간에 활동한 손사성이 승문원承文院을 통해 배포한 50부 중 한 부를 획득한 것일 가능성이 가장 높다. 『지정조격』은 희귀성에 있어서나 역사적 가치에 있어서 세계 각국 학자들이 특별히 주목하는 귀중한 책이다. 그래서 국내외 학자는 물론 2010년에는 남바린 엥흐바야르(Nambaryn Enkhbayar) 전 몽골 대통령이 20여 명의 수행원을 대동하고 이 책을 보기 위해 직접 찾아오기도 하였고, 유네스코 세계기록유산으로 등재하는 방안을 논의하기도 하였다. 아직 문화재 지정 절차를 개시하지 않았지만, 한다면 당연히 국보급이 될 것이다.

2. 보물급 그림과 글씨

　　보물은 국보급에 버금가는 귀중한 국가문화재로 나라에서 특별히 관리 대상으로 삼고 있는 것이다. 그런데 송재종가에는 이런 보물급 자료가 한 둘이 아니다. 「손소적개공신화상孫昭敵愾功臣畵像」이야 이미 보물 제1216호로 지정된 것이지만, 「손소적개공신교서孫昭敵愾功臣敎書」, 『역대군신도상歷代君臣圖像』, 『해동명적海東名迹』, 『김생서법첩金生書法帖』 등과 같은 각종 그림과 글씨첩은 보물 이하로 지정되기도 하고 아직 문화재 지정 절차를 밟지 않았지만, 모두 국가문화재 보물급의 가치가 있다.

1) 「손소적개공신화상」 등

「손소적개공신화상孫昭敵愾功臣畵像」은 손소가 이시애의 난을 평정한 공으로 적개공신敵愾功臣에 책봉되었을 때 왕명으로 그려서 하사한 초상화이다. 조선시대에는 공신으로 책봉된 사람에게 공신호功臣號를 수여함과 동시에, 화상을 그려 원본은 공신각功臣閣에 보관하도록 하고 다른 한 부본副本은 집안에 하사해 주는 것이 일반적 관례였다. 공신을 특별히 대접하는 일종의 예우禮遇 방식이었던 것이다.

손소는 이시애의 난이 일어났을 때 평로장군平虜將軍 박중선朴仲善의 종사관從事官으로 토벌에 참여하였다. 나라를 위해 당연한 일이기도 하였지만, 당시 형조정랑으로 있던 친형 손욱孫旭이 특명을 받고 함경도 경차관敬差官으로 갔다가 이시애의 동생 이시합李施合에게 피살되는 큰 변고를 당하였기 때문이다. 그래서 세조 13년(1467) 4월부터 약 3개월 동안 토벌에 참가하였는데, 그 공으로 적개공신 2등에 책봉됨과 동시에 많은 금품과 전답, 노비 등을 받았으며, 다른 여러 공신과 마찬가지로 그의 전신 초상을 그려 각 1본씩 공신각과 집안에 보관하도록 하는 은혜를 입었던 것이다.

이 도상을 작성한 시기는 그가 공신에 책봉되고 나서 약 10년이 지난 성종 7년(1476)무렵이었다. 이와 같은 사실은 도상 우

「손소적개공신화상」,『송첨』

측 상단 모서리 부분에 붉은 글씨로 기록한 화기畵記에 잘 나타나 있다. "계천군鷄川君 손후孫侯 소昭의 초상화는 성종 7년(1476) 국왕이 충훈부忠勳府에 명령하여 공신들의 초상을 그려서 하사하도록 한 것이다. 이때 후의 나이는 44세였다"(右鷄川君孫侯昭之眞, 成化十二年丙申, 上命忠勳府, 圖諸功臣影賜焉. 時侯年四十四爾)라고 한 것이 바로 그것이다. 그리고 손소의 연보 44세 조항에도 이와 유사한 기록이 있는데, 아마 이 화기를 근거로 하여 작성한 것으로 생각된다.

경주손씨종가에서는 줄곧 이 노상을 관가정 영당影堂에 모셔 왔다. 비단 바탕에 채색으로 그린 전신상으로, 양쪽 소매 안으로 두 손을 넣고 교의交椅에 앉아 왼쪽을 향하고 있는 모습이다. 검은색 사모紗帽를 썼고, 푸른색 단령團領을 입었으며, 흰 가죽신을 신고 좌대座臺에 발을 얹었다. 500년 이상 세월이 흘렀음에도 불구하고 색채가 선명하고, 윤곽이 뚜렷하며, 특히 얼굴과 옷 주름 부분의 세밀한 선 처리가 돋보인다. 조선 초기 공신초상으로는 장말손張末孫의 적개공신화상과 함께 몇 안 되는 귀중한 작품이며, 이 때문에 국가에서 보물 제1216호로 지정하여 보호하고 있다.

손소의 적개공신화상은 이 외에 한 점이 더 발견되었다. 정조 19년(1795) 영천 신령의 장수도찰방長水道察訪 이명기李命基(1756~1802)가 본래의 적개공신화상을 그대로 본떠 모사한 모본인데, 그림 좌측 하단에 검은 글씨로 "정조 19년(1795) 을묘乙卯에 다시 모사하였다"(正祖十九年乙卯改摹)라고 한 기록이 있어서 이를 확인할 수 있다. 비단 바탕에 채색으로 그렸고, 화기畵記는 물론 그림의 크기와 형상까지 원본 그대로 모사하였으며, 구레나루와 수염 부분을 가는 붓으로 정교하게 그린 점이 돋보인다. 그러나 입고 있는 단령이 많이 탈색되었고, 가슴과 좌측 상반신에 가필한 흔적이 보인다. 아직 문화재로 지정되지는 않았지만, 지방유형문화재급 가치가 있을 듯하다.

그리고 1916년 일제강점기 때 이왕가박물관에서 손소의 아들 손중돈의 화상을 구입한 것이 현재 국립중앙박물관에 소장되어 있다. 비단 바탕에 채색으로 그린 초상화로, 제작 연대를 정확하게 알 수는 없다. 다만 그림 우측 상단에 '공조판서 우당공 화상. 경진 5월'(工曹判書愚堂公畵像庚辰五月)이라고 기록한 화기畵記가 있는데, 이것이 원본이라면 손중돈이 별세하기 9년 전 중종 15년(1520)에 그린 것이 될 것이다. 관복을 입은 모습이 아니라 머리에 정자관程子冠을 쓰고 도포를 입고 있는 반신상이고, 지금까지 남아 있는 손중돈의 거의 유일한 화상이란 점에 중요한 가치가 있다.

2) 『역대군신도상』

『역대군신도상歷代君臣圖像』은 중국 고대부터 송나라 말기에 이르기까지 이름난 제왕과 신하의 모습을 상하 2권으로 그린 인물 그림책이다. 상권에는 복희伏羲, 신농神農 등 삼황오제三皇五帝부터 송나라 효종孝宗, 영종寧宗 및 민왕閔王까지 39명의 제왕을 수록하였고, 하권에는 창힐倉頡, 고요皐陶, 후직后稷부터 송나라 성리학자 진서산眞西山, 허노재許魯齋까지 68명의 신하를 수록하였다. 각 그림마다 제일 앞에 인물의 이름을 명시하고 그림을 제시한 다음, 그림 뒤에 생전에 이룩한 공적을 간단하게 기술하고, 다시 그 뒤에 인물에 대한 찬양의 글, 곧 화상찬畵像讚을 찬왈贊曰 형식으로 기록하였다.

이런 군신도상은 중국에서 여러 차례 간행한 바 있다. 원나라 지원至元 4년(1338)에 승려 나우懶牛가 그렸다는 『역대군신도상』을 비롯하여, 명나라 정통正統 3년(1438) 장홍張洪이 공창부학龔昌府學에서 성현의 도상을 발굴하여 1권으로 간행한 바 있고, 성화成化 23년(1487)에는 다시 주진륭周進隆이 소흥紹興지방에서 성현의 인물도상을 발굴하여 고대 복희伏羲부터 원나라 허노재許魯齋에 이르기까지 120인의 도상을 편집하여 간행하기도 하였다. 『역대군신도상』은 책 앞에 바로 이 장홍張洪의 「제성현상題聖賢像」과 주진륭周進隆의 「속간성현도서續刊聖賢圖序」란 글을 수록하였는데, 이를 통해 이 책이 장홍과 주진륭의 책을 참고하여 편찬하였음을 미루어 짐작할 수 있다.

『역대군신도상』(『송첨』)

이 책은 중종 20년(1525)에 편찬 간행하였다.『조선왕조실록』「중종 20년」조항에 왕이 홍문관대제학 이행李荇(1478~1534)으로 하여금 역대 군신 도상과 역사적 공적을 정리하여 간행하도록 명령한 기록이 있는데, 이 책 바로 앞에 중종 20년에 쓴 이행의 서문이 첨부되어 있다. 그리고 책 표지 뒷면에 "가정 5년(1525) 5월 공조판서 손중돈에게『역대군신도상』1건을 하사함. 감사의 인사는 면제하도록 함"(嘉靖五年五月日, 內賜工曹判書仲敦歷代君臣圖像一件. 命除謝恩. 承旨臣丁)이라 한 내사기內賜記가 있고, 손중돈의 연보 64세(1525) 조항에도 또 "3월 공조판서에 임명되었다. 5월『역대군신도상』1건을 내사하였다"라고 명시하고 있어서 이와 같은 사실을 분명히 확인할 수 있다.

　　이 책은 이처럼 중종 20년(1525) 국내에서 처음 간행한『역대군신도상』초간본으로, 왕이 손중돈에게 하사한 귀중한 내사본이며, 다른 곳에서는 찾아보기 어려운 대단히 희귀한 책이다. 국내에서 간행한『역대군신도상』은 이 외에 몇 가지가 더 있다. 서울대 규장각, 계명대, 충청남도 논산 명재明齋 윤증尹拯(1629~1724) 종가, 서울시립미술관에서 전시한『역대군신도상』등이 모두 그런 것이다. 그러나 규장각과 계명대본은 하권이 없는 낙질이고, 윤증종가의 책은 중국 군신 63명에 우리나라 인물 17명을 추가하여 18세기 말에 편찬한 전혀 다른 책이며, 서울시립미술관 전시본은 전체 4권에 걸쳐 중국 군신과 국내 인물 도합 220명을 방대하게 수록한 또 다른 후대의 책이다.

　양동마을 서백당종가 소장 『역대군신도상』은 이처럼 다른 예를 거의 찾아볼 수 없을 정도로 완벽한 상하 2권 내사본 완질이란 점에 중요한 가치가 있다. 그리고 중국본과 달리 모든 화상 끝부분에 화상찬畵像讚을 붙이고 있는 점이 매우 특징적이며, 인물명-화상-공적기록-화상찬과 같은 순서의 기술 방식이 후대 여타 군신도상의 편찬에 중요한 영향을 끼쳤을 것으로 판단된다. 이 책은 아직 문화재로 지정되지 않았다. 그러나 조선 후기 18세기 말에 편찬된 명재明齋 윤증尹拯 종가의 책이 중요민속자료 제22호로 지정된 것에 대비하면 적어도 그 이상의 문화재적 가치가 있다고 할 만하다.

3) 『해동명적』

　『해동명적海東名迹』은 조선 중종 때 문신으로 초서와 예서체 글씨를 특히 잘 쓴 것으로 유명한 신공제申公濟(1469~1536)가 신라 최치원 이래 조선 초기까지 이름난 명인들의 필적을 두루 모아 간행한 명인 필첩筆帖이다. 수록 대상이 모두 우리나라 인물이기 때문에 한반도를 상징하는 해동海東이란 이름을 붙이고, 이름 있는 명인의 글씨 흔적이란 의미에서 명적名迹이란 이름을 붙여 '해동명적'이라고 하였다.

김휴金烋(1597~1638)의 『해동문헌총록海東文獻總錄』를 보면 『해동명적』에 대한 간단한 해제가 있다. 김휴는 여기서 중종 때 신공제申公濟가 이를 편찬하였고, 목판으로 간행하여 널리 배포함으로써 글씨 공부하는 사람이 표본으로 삼게 했다고 하였다. 그리고 대사헌 김희수金希壽의 아들 김로金魯(1498~1548)가 여기에 박경朴耕과 김희수金希壽의 필적을 추가한 다음, 관찰사 최세절崔世節에게 돌에 새기도록 부탁했다고 하였는데, 이 때문인지 『해동

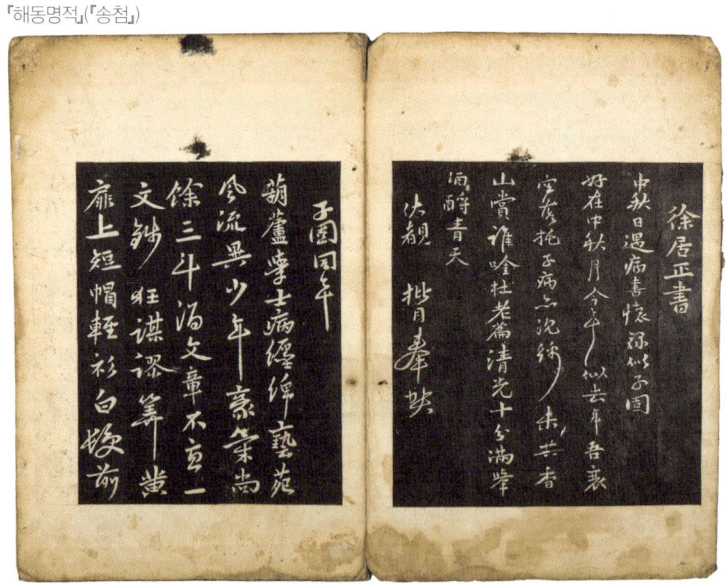

『해동명적』(『송첨』)

명적』은 목판본과 탁본 2종이 전하고 있다.

경주손씨종가에 소장한 『해동명적』은 신공제가 간행한 『해동명적』 목판본과 제목, 편차, 수록인물, 서체 등이 모두 동일하다. 다만 목판이 아니라 탁본이고, 박경朴耕과 김희수金希壽의 필적을 추가한 점이 다른데, 이로 보아 이 책은 신공제가 편찬한 『해동명적』, 그 가운데 돌에 새겼던 것을 탁본한 것이 분명하다. 신공제는 손중돈보다 여섯 살 연하이고, 과거 급제도 6년 뒤에 했으며, 중종반정 이후 홍문관부제학, 호조참판, 이조판서 등을 역임하며 손중돈과 함께 오래 중앙관청에 근무하였다. 이런 사실을 감안할 때 이 책은 손중돈이 중앙관직에 있을 때 입수하여 집안에 전한 듯하다.

서백당 소장 『해동명적』은 문집이나 비석 어디에도 남아 있지 않은 희귀자료를 다수 포함하고 있다. 그래서 글씨뿐만 아니라 내용에 있어서도 주목할 가치가 있으며, 후대에 거듭 간행된 목판본과 달리 초기의 석각 탁본이라는 점에 더욱 큰 가치가 있다. 이런 탁본 형태의 『해동명적』을 여주이씨 옥산문중玉山門中도 1건 소장하고 있다. 보물 제526호 『해동명적』이 바로 그것이다. 두 본은 탁본이나 제본 형태가 흡사하여 같은 시기에 제작된 것으로 추정되는데, 수록 내용은 서백당본이 훨씬 더 풍부하다. 따라서 아직 문화재로 지정되지는 않았지만, 보물급 가치가 있는 유품으로 생각된다.

4) 『김생서법첩』

『김생서법첩金生書法帖』은 신라 때 각종 서체에 달통하여 해동서성海東書聖이라고 일컬어진 김생의 글씨를 모아 놓은 것인데, 후학들이 글씨 공부를 할 때 법法으로 삼을 만한 모범적인 서첩書帖이란 의미에서 법첩法帖이라 하였다.

『삼국사기』 「김생열전」을 보면 일화가 하나 소개되어 있다. 고려 숙종 때 홍관洪灌이 송나라 사신으로 가서 김생이 쓴 행서와

『김생서법첩』(『송첩』)

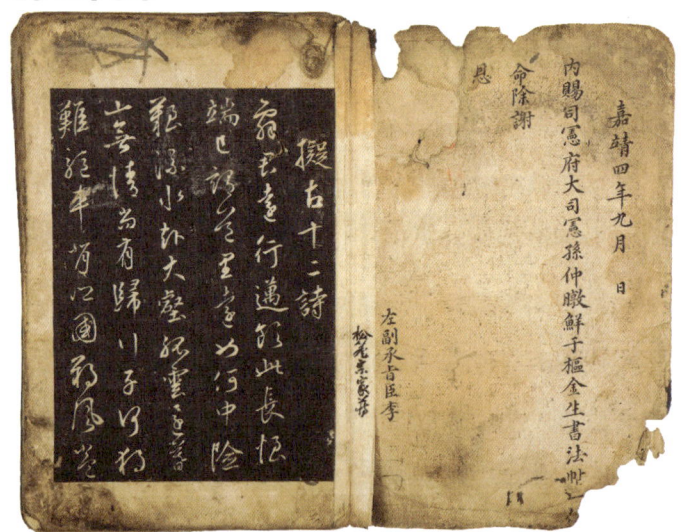

초서 한 폭씩을 보여 주었더니, 양구楊球, 이혁李革 같은 송나라 학자가 보고 왕희지 글씨라고 하면서 놀라워하였다는 것이다. 김생의 글씨 수준이 대단히 높았음을 단적으로 증명하는 일화이다. 국내에서도 글씨에 뜻을 둔 이들이 김생 글씨를 구해 보고자 하는 열망이 많았다. 그러나 후대에 남아 전하는 자료가 극히 드물었다. 그래서 이런저런 자료를 모아 법첩法帖을 만들기에 이르렀는데, 이 책 또한 조선 초기 문단의 이런 경향을 반영하여 편찬한 것으로 생각된다.

 조선시대에 들어와 김생의 법첩을 처음 편찬한 것은 중종 19년(1524)이었다. 『조선왕조실록』의 기록에 따르면, "중종 19년 5월 10일 도승지 김희수金希壽가 중국의 유명한 서예가 선우추鮮于樞가 직접 쓴 초서 필첩 1부를 바치면서 '선우추의 서법書法은 조맹부보다 낫다고 하는데 우리나라에는 전해진 것이 매우 적습니다. 이것을 정밀하게 모사模寫하여 돌에 새겨서 널리 전하게 함이 어떻겠습니까? 라고 건의하였다. 그래서 왕의 제가를 얻어 김생의 글씨까지 함께 모사하였고, 한 달 뒤인 6월 19일 선우추와 김생의 글씨를 모두 모사한 다음 간행 허락을 받았다"라고 하였다. 『김생서법첩』이 선우추의 법첩과 함께 중종 19년(1524) 6월경에 간행되었음을 정확하게 알려 주는 글이다.

 서백당종가에 소장하고 있는 『김생서법첩』은 이때 간행한 것으로, 이듬해인 중종 20년(1525) 9월 손중돈에게 하사한 내사본이다. 이런 사실은 법첩 표지 안쪽에 "가정 4년(1525) 9월 사헌부 대사헌 손중돈에게 선우추와 김생의 글씨 법첩法帖 1건을 내림. 감사의 인사는 면제함"(嘉靖四年九月日, 內賜司憲府大司憲孫仲敦鮮于樞金生書法帖一件. 命除謝恩. 左副承旨臣李)이라고 적은 내사기內賜記가 있고, 연보 63세(1525) 조항에 또한 "4월 한서漢書 1부를 내사하였다. 7월 사헌부대사헌에 임명하였다. 9월 선우추와 김생의 글씨 법첩 1건을 내사하였다"라는 기록으로 분명하게 확인할 수 있다.

이 책은 김생의 글씨를 모아 놓은 현존하는 유일한 내사본 법첩으로,「의고십이수擬古十二首」·「잡체오수雜體五首」·「하장군산림시何將軍山林詩」·「전유암산가서田遊巖山家序」등 다른 곳에서 찾아볼 수 없는 시 18수와 서문 1편을 수록하였다. 그래서 간행 연대를 정확하게 확인할 수 있는 최초의 법첩이란 의미에서 뿐만 아니라, 김생의 글씨를 대량으로 수록하고 있다는 그 자료적 의미에 있어서도 큰 가치가 있다. 아직 문화재로 지정받지는 않았지만, 지정한다면 중요한 국가문화재가 될 것이다.

3. 보물급 고문서들

송재종가의 고문서 가운데는 15~16세기 문서가 272점이나 된다. 조선 전기 문서가 워낙 귀하여 어지간한 것은 다 문화재로 지정하는 현실을 감안하면 참으로 경이적인 일이라고 하지 않을 수 없다. 이 가운데 「손소적개공신교서孫昭敵愾功臣敎書」 1점과 「손소자녀칠남매화회문기孫昭子女七男妹和會文記」 1점 등 두 점은 각각 경북유형문화재 제13호와 14호로 지정되었다. 그러나 여타 숱한 귀중 자료는 아직 하나도 문화재로 지정되지 않았으며, 이미 지정된 2점도 보물급으로 재평가할 여지가 많다.

1) 「손소적개공신교서」

「손소적개공신교서孫昭敵愾功臣敎書」는 손소가 이시애의 반란 평정에 참가한 공으로 적개공신敵愾功臣에 책봉될 때 왕이 내린 글이다. '적개敵愾'란 '적에게 분노하여 저항한다'는 뜻으로, 적도에게 대항하여 공을 세웠음을 의미한다. 이성계의 조선 개국을 도운 신하를 개국공신開國功臣, 이방원의 왕위 등극을 도운 신하를 정사공신定社功臣(사직을 안정시킨 공신)이라고 하듯, 공신 칭호는 사안별로 적합한 칭호를 부여하였다. 교서敎書는 왕의 즉위, 왕실의 경사慶事, 공신 책봉, 작위爵位 수여, 구인求人, 권농勸農 등을 행할 때 왕의 명령과 지시사항 등을 전달하는 문서로, 간단한 임명장 형태의 교지敎旨나 교첩敎牒과 달리 사연을 자세하게 적어

「손소적개공신교서」(『송첨』)

전달하는 길고 격식 있는 글이다.

손소의 적개공신 교서는 세조 13년(1467) 7월 그가 난을 평정하고 돌아온 이후 4개월이 경과한 그해 11월에 작성하여 발급한 것이다. 교서 제일 뒷부분에 '성화成化 3년(1467) 11월'이란 날짜가 기록되어 있어서 이를 알 수 있다. 난을 평정하고 나서 공로의 등급을 심의하여 결정하는 데 그만큼 시간이 걸렸기 때문일 터이다. 교서 내용은 그가 평로장군平虜將軍 박중선朴仲善의 막부에 들어가서 군무軍務를 총괄하면서 세운 공로의 구체적인 내용을 먼저 적었고, 연이어 적개공신 2등이라는 공신 등위, 포상 물품 내역, 특혜사항 등을 아주 자세하게 기술하였다. 그리고 그 뒤에는 함께 적개공신에 책봉된 인물 45명의 명단을 1등 10명, 2등 23명, 3등 12명으로 구분하여 제시하였다.

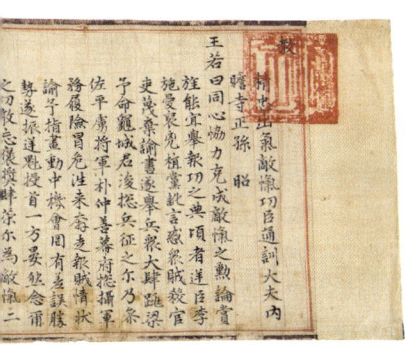

이 교서 한 장을 받음으로써 그는 나라에서 특별대우를 받는 인물의 반열에 들어섰으며, 양동마을 입향조로 가문의 기반을 튼튼하게 구축할 수 있는 기회를 얻었다. 경제적으로 반당伴倘(심부름꾼) 8인, 노비 10구, 구사丘史(지방관청노비) 5구, 은 20냥, 옷 1벌, 말 1필에다가 거의 100여 가구가 농

사지어 먹고 살 수 있을 정도인 전답 100결을 하사받았을 뿐만 아니라, "정안政案에 '적개 이등공신 손소의 후손'이라 기록하여 비록 죄가 있더라도 영원히 용서하라"라는 내용을 명시하였기 때문이다.

이 교서는 세조 연간의 희귀한 고문서 중 하나로, 현재 경북 유형문화재 제13호로 지정되어 있다. 그러나 손소와 함께 동일한 적개공신공신 2등을 하사받았고, 같은 시기에 같은 양식으로 작성된 장말손張末孫(1431~1486)의 적개공신교서가 보물 제604호로 지정된 점을 감안하면, 이 또한 보물급 가치가 있다고 할 것이다.

2) 고신교첩과 교지

고신告身이란 관리의 임명·승진·승급 등과 관련하여 어떤 직급, 어떤 직책의 신분을 부여하는지 알려 준다는 의미이다. 교첩敎牒과 교지敎旨는 임금의 지시를 가리키는 말인데, 5품 이하 관리의 경우 문관은 이조에서, 무관은 병조에서 왕명을 받아 대신 시행하기 때문에 교첩이라 하였고, 4품 이상 관리는 왕이 직접 임명하여 교지라고 하였다. 따라서 고신교첩과 교지는 모두 관리의 임명장이라고 할 만하다.

송재종가에는 이런 고신교첩과 교지를 126장 가량이나 소장하고 있다. 그중에는 손중돈孫仲暾의 것이 교첩 19점·교지 73점

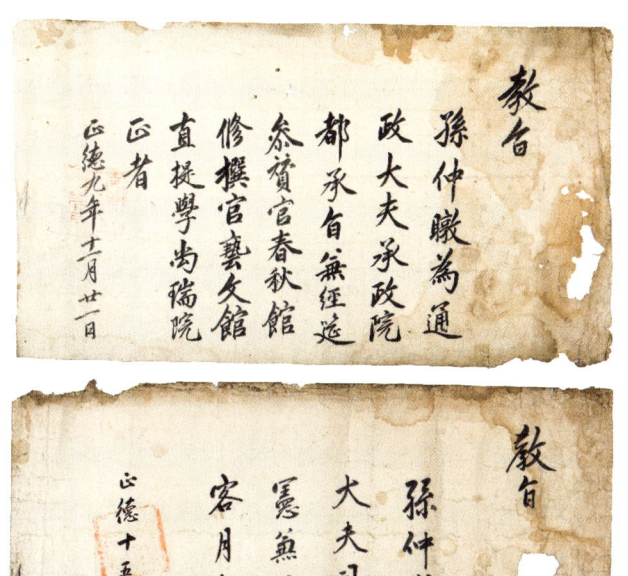

손중돈 교지들(『송첩』)

도합 92점으로 가장 많고, 손중돈의 맏손자 손광서孫光曙의 것이 교첩 12점·교지 1점 도합 13점이며, 손광서의 장남 손시孫時의 것이 교첩 3점·교지 3점 도합 6점, 손시의 장남 손종하孫宗賀의 것이 교첩 4점·교지 8점 도합 12점, 기타 17세기의 후손이 받은 교첩이 3점이다.

　　송재종가의 이런 고신은 우선 조선 전기 것이 대부분이란 점에 주목할 만한 가치가 있다. 손중돈의 고신 92점은 성종 20년(1489) 문과에 급제하여 처음 벼슬에 나서기 시작한 해부터 중종 23년(1528) 그가 세상을 떠날 때까지 중요한 고신을 거의 모두 갖추고 있고, 손광서의 고신 13점은 중종 33년(1538)부터 명종 5년(1550)까지, 손시의 고신 6점은 선조 30년(1597)부터 선조 32년(1599)까지 발급된 것이어서, 전체 126점 중 손종하 등의 고신15점을 제외한 111장이 모두 조선 전기 고신이다. 특히 손중돈의 고신 92점은 그가 관리로 생활한 평생의 행적을 낱낱이 보여 주는 일괄 문서라는 점에 더욱 가치가 있으며, 그 가운데 15세기 교첩 19점은 모두 성종과 연산군 당시의 것으로 연대가 더욱 오랜 것이어서, 당시 문서양식을 규명하는 데 중요한 참고자료가 된다.

　　이와 같은 고신교첩과 교지는 어느 한 점도 아직 문화재로 지정되지 않았다. 그러나 이보다 연대가 훨씬 떨어지는 17세기의 각종 교지와 교첩들이 국가의 중요민속자료 혹은 지방자치단체의 유형문화재로 지정된 현실을 감안하면, 이들은 하나같이 모두 중요한 문화재감이라 할 수 있으며, 이런 자료를 일괄로 묶을 경우 중요민속자료 이상의 국가문화재로 지정해야 마땅할 정도로 가치가 있는 것들이다.

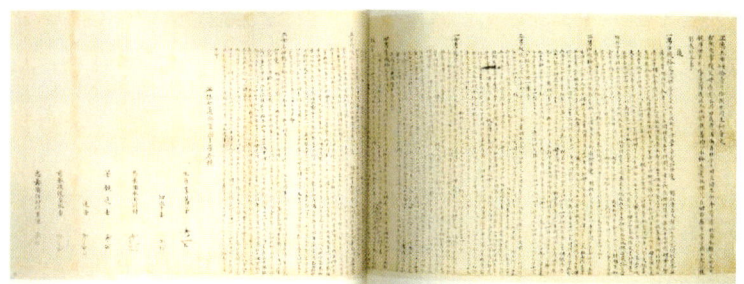
「손소자녀칠남매화회문기」(한국학중앙연구원)

3)「손소자녀칠남매화회문기」

조선시대 때 부모의 재산을 자녀에게 나누어 주는 분재문기에는 대략 3종류가 있었다. 부모가 살아서 미리 여러 자녀들에게 몫을 정하여 나누어 주는 형식의 허여문기許與文記, 부모 사후에 소생 자녀들이 함께 모여 서로 합의해서 결정하는 형식의 화회문기和會文記, 자녀의 생일·혼인·과거급제 등 특별한 일을 축하하기 위해서 정해진 몫과 상관없이 따로 떼어 주는 형식의 별급문기別給文記 등이 그런 것들이다.

양동마을 송재종가는 이와 같은 여러 종류의 분재문기를 대단히 많이 소장하고 있다. 세종 5년(1443) 무렵 손소의 부친 손사성이 그 장인 권명리權明利로부터 물려받은 재산 목록을 기록한 허여문기, 중종 5년(1510) 손소의 재산을 자녀 7남매가 의논하여 나누어 가진 내역을 기록한 화회문기 등을 비롯하여, 이후 19세기 초에 이르기까지 약 38건에 달하는 분재기를 소장하고 있으며, 이 가운데 선조 6년(1573) 손진충孫盡忠의 아내 이씨李氏가 사위 손시孫時에게 나누어 준 별급문기까지 약 14종은 모두 조선 전기에 작성된 희귀한 자료라는 점에서 특별히 주목할 가치가 있다.

「손소자녀칠남매화회문기孫昭子女七男妹和會文記」는 바로 이런 자료 중 하나이다. 이 문서는 성종 15년(1484) 손소가 먼저 세상을 떠나고 약 26년이 흐른 중종 5년(1510) 그 부인 풍덕류씨가 세상을 떠난 이후 작성하였다. 손소는 본래 5남 3녀 8남매를 두었는데, 그 가운데 금원형琴元亨과 혼인한 딸은 자녀가 없이 세상을 떠났다. 그래서 나머지 7남매만 분재하게 되었는데, 부모가 돌아가시고 난 이후 자녀들이 함께 모여 합의하여 몫을 결정한 분재문서이기 때문에 이를 화회문기라고 하였다.

이 화회문기는 송재종가에 전해 오는 분재문기 가운데서도 여러 측면에서 특별히 중요한 가치가 있다. 조선 전기 분재기라는 시기적 문제에 있어서 뿐만 아니라, 손소가 경주손씨 양동마을 입향조이면서 공신에 책봉된 인물이었다는 점, 조선 전기 대표적 관료 문인이었던 손중돈과 이언적의 부친 이번李蕃 같은 중요 인물을 포함하고 있다는 점, 5남 2녀의 분재 내역이 상세하고 많다는 점, 아들딸 구별 없이 재산을 균등하게 분배한 조선 전기 자녀균분상속의 실체를 가장 잘 보여 주는 자료 중 하나라는 점 등이 모두 그런 것이다. 그래서 현재 이 문기를 특별히 경상북도 유형문화재 제14호로 지정하여 보호하고 있는데, 이보다 훨씬 후대에 작성된 「이이남매화회문기李珥男妹和會文記」가 보물 제477호, 「류성룡모부인분금문기柳成龍母夫人分衿文記」가 보물 제460호 지정된 사실을 감안하면, 이 또한 지방문화재급 이상의 보물급 가치가 있다고 평가해야 마땅할 것이다.

4. 송첨삼보와 기타 고문서

　송첨松簷은 서백당 큰사랑 문 위에 걸려 있는 당호로, 경주손씨 송재종가를 가리키는 별호의 일종이다. 따라서 송첨삼보松簷三寶란 이 집안에서 가보로 간직한 3가지 보물이란 말인데, 연적硯滴·장도粧刀·갓끈의 3가지를 가리킨다. 연적은 옥으로 만들어 옥연적玉硯滴이라 하고, 장도는 상아 칼집에 문양을 새겨 상아장도象牙粧刀라고 하며, 갓끈은 재료가 산호여서 산호영珊瑚纓이라고도 하였다.

　송재종가에서 이 세 가지 보물을 언제 어떻게 소장하였는지는 정확하게 밝혀낼 근거가 없다. 그러나 손소의 『양민공집襄敏公集』「연보年譜」에 이를 추정할 수 있는 기록이 있다. "성종 7년

(1476). 선생 44세. 계천군鷄川君에 봉해 주었다. 국왕이 충훈부에 명령하여 여러 공신들의 화상畵像을 그리도록 하고 그 부본副本을 하사해서 본가에 소장하도록 하였다. 산호영·옥연적·유리장도를 내사하였다. 이를 내사한 연월일을 밝혀내지 못하여 우선 여기에 기록해 둔다. 세상에서 손씨삼보孫氏三寶라고 일컫는 것인데, 오늘날까지 본가에 소장하고 있다"라고 기록해 놓은 것이 바로 그것이다.

이를 보면 송첨삼보를 획득한 연월일을 정확하게 알 수는 없지만, 그것이 손소가 적개공신에 책봉된 이후 국왕으로부터 하사받은 물품임은 분명하고, 그 시기는 대략 적개공신화상을 그려준 성종 7년(1476) 44세 무렵이었을 것으로 추정할 수 있다. 그렇다면 지금까지 500년 이상 간직해 온 물품이라 할 수 있는데, 아직 어느 한 부분도 손상된 곳이 없다. 연적의 옥과 갓끈의 산호가 여전히 빛이 날 정도로 윤기가 흐르며, 상아장도에 새겨진 문양이 살아 움직일 듯 생동하는 모습을 그대로 유지하고 있다.

이 집안의 보물은 여기에 그치지 않는다. 손소가 생존해 있을 때 직접 사용했다는 벼루는 나무갑에 안치한 그 모습이 참으로 특이하면서도 품격이 넘치는 보물이고, 손소의 불천위 제사 때 술을 담아 사용했다는 백자 주병 또한 유약을 많이 바르지 않아서 화려하지 않으면서도 은은한 아름다움을 나타낸다.

기타 고문서 가운데도 문화재감이 수두룩하다. 명종 15년

송첨삼보

벼루와 주병(『송첨』)

(1560)에 작성한 「손광현최득충노비소송입안孫光晛崔得忠奴婢訴訟立案」은 국내에 현존하는 노비 소송과 관련된 입안 중 가장 오래된 중요한 문화재감이고, 임진왜란 이전에 작성된 조선 전기의 소지所志(청원서) 4점, 입안立案(관청의 공증서) 12점, 배지(위임장) 2점, 노비거래 명문明文(계약서), 토지거래 명문明文(계약서) 122점, 자문尺文(영수증) 1점 등도 모두 문화재로 지정되기에 손색이 없는 것들이며, 17세기 이후의 소지所志·호구단자戶口單子(호적신고서)·준호구準戶口(호적증명서) 같은 호적 관련 문서와 재산을 분할한 분재기류, 마을이나 집안의 운영과 관련된 향약鄕約·동약洞約·계안契案 등도 여러 문서가 일괄로 연결된 것이 많아서 특별히 주목할 가치가 있다. 조상의 유품을 소중하게 간직하여 하나같이 모두 문화재로 만든 문화재의 보물창고, 이런 말이 이 집안에 딱 어울릴 법하다.

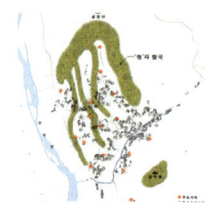

제6장 종손 종부로 살아가기

1. 종손 종부, 그 삶의 무게

　　　　종법제도宗法制度를 엄정하게 고수해 온 전통시대에 있어서 종손과 종부의 존재는 참으로 중요하였다. 집안 내부에서는 한 가문의 대를 이어 가는 상징적 존재로, 조상 전래의 터전을 지키며 각종 의례를 집행한 중심인물이었고, 대외적으로는 또한 가문과 지역사회를 대표하여 공론 형성에 주도적인 역할을 한 핵심인물이었다. 그만큼 책임이 크고 또 그 책임에 비례할 권력을 가진 존재이기도 하였다.

　　　　그러나 20세기 이후 종손과 종부는 더 이상 이런 존재가 되기 어려웠다. 근대 시민사회가 지향하는 '자유' '평등' '민주' 의 가치가 전 세계적으로 광범위하게 확산됨에 따라 국가체제는 물론, 사회제도와 가족구성 형태까지 거의 모든 분야에 걸쳐 가히 혁명적인 변화가 초래되었기 때문이다. 그래서 지난날 종손과 종부를 떠받치던 인적 물적 존재와 권한은 다 사라지고, 전통의 무거운 짐만 고스란히 떠안고 있는 모습, 이것이 오늘날 큰 집안 종손과 종부가 마주하고 있는 현실이라고 할 것이다.

양동마을 경주손씨종가 또한 이런 도도한 변화의 흐름 앞에 예외적인 존재가 될 수 없었을 터이다. 조상을 모시고 집안을 지키며 무수하게 찾아드는 손님을 접대하는 일은 시대가 변해도 여전히 종손 종부가 감당해야 할 책임으로 남아 있었고, 그렇다고 지난날처럼 이런 일을 적극적으로 도와줄 수 있는 지원이 따로 없는, 현 종손의 말처럼 '직사리 고생만 한' 그런 세월을 겪을 수밖에 없었던 것이다.

> 집에 어른은 수학과 나와 가지고 제일여상에 첫 발령을 받았답니다. 제일여상에 근무하다가, 할아버지가 돌아가셨단 말이에요. 서른세 살 때. 그때는 뭐 보름장인가 했다 카더라고요. 초상 치르고 학교 가니까, "자네 손 선생 경주로 발령났다" 그러더랍니다. 하하. 본인도 모르게 문중에서 발령을 내놓은 거에요. 집이 비었으니까 경주에다 발령을 내놨더래요. 그 길로 이사를 왔습니다. 제일여상 사택에 있다가 이리로 이사 와서 여기서 경주로 출퇴근하셨죠. 종손으로서 품위는 상당히 잘

유지를 하셨고, 문중도 별 반감 없이 잘 이끌어 오셨고, 장부 같은 거도 만드시고, 문중 재산들을 전부 목록화 해 가지고, 이런 쪽 일은 상당히 많이 하셨어요. 이 동네도 6·25전란을 겪고 난 후라 노니까, 집들이나 산소들이 폭격으로 많이 피해 입은 거를 학교 계시면서도 다 어떻게 해 가지고 복원하고, 그런 일들은 상당히 많이 하셨어요. 내가 굉장히 좀 가볍도록 만들어놨죠.

엄마나 할머니는 여기 와서 그 시대에는 고생만 직사리 하셨겠지요. 그 이전 세대는 도와주는 사람도 많았고, 온갖 일을 한복 차려입고 뒷짐 지고 호령만 하면 될 때였는데, 아마 엄마 세대 때는 안 그랬던 거 같아. 일부는 몸소 해야 되고 그런 애로사항이 많이 있었을 거예요.…… 특히 엄마 같은 경우에는 물도 전기가 없어서 저 밑에 길바닥에 있는 우물물을 들어다 먹었는데, 예전에는 집에 머슴이 있어서 물도 저다 주고 했는데, 내가 고등학교쯤 되니까 물 져다 주는 사람이 없어요. 사 먹어야 되요. 매일 아침 한 짐씩 저다 주면 얼마. 그 당시에 내가 계산해 보니 대구에 수돗값보다 대여섯 배 더 비싸게 치이더라고. 그래서 저하고 동생하고 방학 때 집에 있으면 물지게도 지고 해 봤어요. 집안 살림은 그 세대가 제일 애먹은 게 아닌가 싶어요.

종손 손성훈의 말이다. 손성훈의 아버지 손동만은 대구사범학교를 나와 수학교사를 하였다. 그러나 종손의 책무 때문에 당시 대구에서도 명문고등학교였던 제일여상 교

송재 종손 손성훈

사생활을 접고, 자신도 모르는 사이에 경주로 발령이 나서 고향집에서 출퇴근을 하며 교사생활과 집안일을 병행할 수밖에 없었다. 그리고 어머니는 봉화 닭실 안동권씨였는데, 경주손씨 종부로 시집을 왔을 때는 이미 '한복 차려입고 호령만 하면 되던' 그런 시절이 아니었다. 그래서 특별히 도와주는 사람 없이 어른 모시고 복잡한 종가 살림을 챙기며 고생했던 그 당시 모습을 이렇게 회고하였던 것이다.

이런 가운데도 현 종손의 부모는 집안을 위해 참 많은 헌신적 노력을 하였던 듯하다. 손동만은 현재의 종택 서백당을 문화재로 지정받아 1974년 건물 골조만 남기고 벽채와 지붕을 다 걷

어 낼 정도로 대규모 보수공사를 하였고, 동강서원의 묘우廟宇, 내삼문內三門, 순교당諄敎堂, 궁리재窮理齋 진성재盡誠齋 등을 모두 차례로 복원하였으며, 문중 재산 상황을 정리하여 기록으로 남기는 등 현재 종가의 기초를 다시 닦았다. 그리고 이런 일에 안어른들의 보이지 않은 내조가 있었음을 물론이다.

> 우리 할머니요 굉장히 인자하시고, 참 훌륭한 분이셨어요. 내가 젊을 때 우리 할머니께서 그 KBS인가 하고 인터뷰를 하시는데, 그 많은 일을 다 어떻게 하냐고 질문을 받고는, 할머니 말씀이 "그까짓 거 뭐 발가락 가(가지고) 다 한다" (웃음) 그러시더라고요. 학생들도 학문적으로 넓게 공부하면 아주 쉽듯이, 그 말씀인거 같아요. 정말 발가락 가지고는 안 해도 쉽게 할 수가 있어요.

현 종부 조원길이 생전의 시조모를 회상하면서 들려준 말이다. 불천위를 비롯한 수많은 제사와 손님 접대, 음식 마련 등에 얼마나 어려운 사정이 많았으랴만, 밤낮 없이 이런 일을 하다가 보니 이제는 "발가락 가지고 다 한다"라고 농담을 할 정도로 익숙하게 되었다는 뜻이다. 엄청난 변화의 시대에 종손 종부의 무거운 짐을 지고 이렇게 넉넉하게 잘도 견뎌낸 그 지혜와 용기가 놀랍기만 할 따름이다.

2. 사람이 곧 재산이지요

종손 손성훈은 손동만의 3남 3녀 중 셋째이고 장남이다. 위로 누나가 둘이고, 아래로 남동생이 둘, 여동생이 하나이다. 그는 어릴 때 마을 입구 양동국민학교를 다니다가 4학년 때 대구 삼촌 집으로 나와 유학을 하였다고 한다. 그리고 한문 문화가 싫어서 대학 갈 때는 영문학을 선택했으며, 졸업 후 서울에서 한동안 직장생활을 하다가 지금은 대구로 와서 개인 사업을 하고 있다고 하였다. 그래서인지 손성훈은 어느 집안 종손과 달리 생각이 매우 진취적이고 개방적이며, 현실에 대한 관찰이 냉철하고 분명할 뿐만 아니라, 앞으로 종가를 어떻게 이끌어 가야 할지에 대해서도 생각이 분명하였다. 그는 우선 종가가 경제적으로 자립하도록 애써야 한다는 점을 분명히 하였다.

> 어른이 96년도에 돌아가시고 내가 종손 처음 되고 나서 그해 가을에 문중회의가 있었어요. 문회門會를 하면서 제일 먼저 한 이야기가 "내 앞으로 돈 안 걷겠다" "어쨌든지 문중에서 꾸려 나가겠다"는 이야길 했습니다. 그래서 실재로 많은 호응을 얻었습니다. 예전에는 문중에서 무슨 행사를 한다 고친다 하면서 돈 내라는 일이, 여기 있는 남자분들은 당해 본 적도 있을 거에요, 굉장히 심했거든요. 물론 종가 재정이 안 되니 그럴 수밖에 없지마는, 어이 보면 소집단이든지 집단이 크든지 간에 끌고 나가려면 그 자체가 경제력이 튼튼해야지 끌고 나갈 수 있습니다. 뭐 논밭 다 팔고, 실제로 논밭이 있어도 지금은 다 팔아먹고 없지, 그러니 이제 호구지책으로 일가들한테 기대는 방법도 있고 이런데, 그게 종가 스스로가 자존심이라든지 권위라든지 이런 걸 망가뜨리는 길이란 말이에요. 종손의 자리를 맡은 사람도 그렇게 하지 않으려고 스스로 노력하고 자립하려고 애써야 된다고요.

자본주의 경제사회에서 어떤 집단을 이끌 리더가 되려면 우선 누구에게도 의존하지 않고 스스로 자립하는 일이 얼마나 중요한지를 분명하게 피력한 말이다. 종가라고 예외일 리가 없다. 무슨 일이 있을 때마다 돈이나 내라고 괴롭히면 누가 좋아하겠으며, 종가의 권위나 자존심인들 지켜 갈 수 있겠는가? 그의 말마따나 옛날에야 종가가 못살아서 신주 팔러 나간다고 하면 집안에서 논 몇 마지기라도 사 주면서 "이걸로 먹고 살아라" 하였겠지만, 지금 어디 이럴 사람이 있는가? 비정하지만 지극히 냉철한 판단이 아닐 수 없으며, 이를 도외시하고 종가를 유지할 수 있는 집은 없을 것이다.

이런 경제적 독립과 함께 그가 특별히 강조한 다른 한 가지는 '사람이 곧 재산이다' 라는 신념이었다. 종가란 한 집안을 대표하는 제일 큰집이지만, 동족들이 함께 참여하고 찾지 않는다면 종가가 무슨 의미가 있으며, 불천위 제사를 비롯한 종가의 큰 행사 가운데 종친들의 협력 없이 치를 수 있는 일이 무엇이 있겠는가? 그는 이런 점을 정확하게 파악하고 있었으며, 사람이 곧 재산임을 거듭 강조하였다.

> 문중의 재산이 뭐냐 하면 첫째가 사람이거든요. 사람이 없으면 모든 게 다 허물어집니다. 그러니 많은 사람이 관심을 기울이고 와 줄 수 있도록 여건을 만들어 주는 게 중요합니다. 예전에는 사회적 필요에 의해서 스스로 문중에 참석도 하고 이랬는데, 지금은 그게 아니라도 어째 보면 돈만 있으면 사회적 지위만 있으면 대접을 받으니까 문중 따위는 필요 없다 이거에

요. 그런 사람을 껴안으려면 종가 자체가 그걸 포용할 수 있는 능력을 가져야 됩니다. 첫째 종손이 바른 생각을 가져야 또 진취적인 생각을 가져야 발전을 하고 문중이 유지가 될 겁니다. 옛날만 고집해 가지고는 문중 절대 유지 안 됩니다. 그러면 아마 문중 자체가 빠른 시간 내에 와해되지 싶습니다. 현대사회에 적응해서 앞으로 유지되려면 그렇게 되어야 된다는 생각이고, 문중의 역할은 그냥 일가들의 역할이지요. 많이 찾아와 주고 협조해 주는 그걸로……

사람이 곧 문중의 재산이라는 말은 참으로 인상이 깊었다. 집안사람이라면 과거와 현재, 남녀와 노소를 가리지 않고 넉넉하게 포용하고, 이들이 스스로 종가를 찾아오고 또 자랑스럽게 생각하도록 만드는 것이야말로 다른 무엇과도 바꿀 수 없는, 21세기 변화된 시대정신에 올바르게 부합하는 건강한 종가의 모습이 아니겠는가? 수백 년 묵은 시대착오적인 낡은 기준을 들이대면서 어깨에 힘주고 가르치려고만 드는 종가라면 누가 그곳을 찾겠으며, 사람이 찾지 않는 종가를 어떻게 종가라고 하겠는가? 아주 현실적이면서도 유연하고 부드러운 민주적 리더십이 느껴지는 대목이었다.

그래서 손성훈은 평소에는 남에게 의존하지 않을 종가의 경제적 자립을 위해 보통 사람과 다름없이 자신의 사업에 충실하였다. 그리고 어른들과 함께하는 집안 행사가 있을 때면 도포 입고 갓을 쓴 18세기적 복장을 마다하지 않았고, 그러면서 동시에 베트남, 필리핀 등과 같은 다른 나라 혈통까지 받아들여야 하는 21세기 우리 농촌의 현실까지 수용할 태세가 되어 있었다. 옛것을 함부로 버리지 않으면서도 새로운 시대의 변화를 수용하는 데 아주 유연한 자세라고 할 것인데, 그는 자신의 이런 삶을 농담반 진담반으로 '변색變色을 잘하고 적응을 잘하는 것'이라고 말하였다.

> 내 고대로 이야기할게요. 5시 반쯤 되면 일어나요. 신문 보고 그다음에 마누라한테 "내 헬스 갔다 온데이" 하고 헬스장 갔다 와서 아침 먹고 회사 출근합니다. 출근해서 오전에는 주로 일 보고 오후에는 거래처도 다니고 뭐 약속 있으면 골프도 가고 이렇게 지내다가 집에 들와가 연속극 보다가 자는 게 일상생활입니다. 여기에 뭐 제사라든지 문중행사라든지 있으면 또 청바지 입고 와 가지고 갓 쓰고 사는 사람입니다. 어이 보면 완전히 변색을 잘하고 적응을 잘 해 가죠. 21세기 하고 18세기쯤을 왔다갔다 넘나들면서 변색 잘하고 삽니다.…… 근데 다른 사람들하고 다른 게, 나는 음력날짜를 잘 외우고 있습니다. 오늘이 음력 며칠쯤이다 하는 걸 항상 염두에 두고 있는 게, 아마 내 친구들하고 다른 모습이 그런 부분이 있을 거에요. 뭐 문중일이나 이런 거 있으면 와야 되니까요. 근데 그걸 내가 피하지는 않

거든요. 다른 걸 내가 하기 위해서는 이런 부분도 내가 해야 존재의 의미를 갖는다 싶기도 하고, 의무감을 갖는 거 같아요.

지금 뭐 농촌의 반 이상이 베트남·싱가포르·인도네시아 이런 여자들이 들어와 있는데, 혈통이라는 개념이 우리가 상상하는 이상으로 빨리 없어질 거거든요. 그럼 뭐 그렇게 베트남 여자에게서 났던 김가든 손가든 간에 그것도 끌안을 수 있어야 된단 말이에요. 근데 아직도 내가 감지하기에는 많은 집들이 '에이 그거 못 쓴다' 이런 식 사고를 가지기가 십상이거든요. 나도 흔쾌하게 아 이렇게 끌안아지지는 않지 싶습니다. 아직 그런 걸 못 당해서. 그런데 그걸 끌안아야지 앞으로는 유지될 겁니다. 근데 안 그런 집이 많지 싶은데, 내 생각에는 그게 몰락의 길이 아닌가 싶습니다.

손성훈의 현실감각과 포용력을 엿볼 수 있는 언급이다. 그래서 그는 조상을 우상에 가깝도록 경직되게 숭배하는 것보다 그 시대 삶에 충실했던 인간적인 선조로 이해하고자 하였고, 껍데기로 남아 있는 형식만 추종하기보다 그 속에 녹아 있는 참다운 정신세계의 가치를 받들고자 하였으며, 이렇게 함으로써 선대의 훌륭한 가치를 계승하면서도 오늘날의 달라진 시대 환경에 부합하는 그런 새로운 종가의 모습을 찾아가려고 노력하였다. 그래서

송재 종손과 함께

현실적으로 실천하기 어려운 점들은 다소 욕을 먹어 가면서도 집안 어른들과 의논하여 실천 가능한 방향으로 조정하는 데 개의치 않았다.

> 저는 황 교수님이 흉볼지는 모르지만, 작년부터 비위 제사 안 지냅니다. 고위에 엎쳐가지고 같이 지냅니다. 불천위까지. 그거 가지고 문중 어른들하고 한 2년 싸워 가지고 했는데, 올해부터는 서원 향례도 당일 날 행사합니다.…… 원래 우리는 합설하거든요. 안동지역은 단설하지만은 우리는 합설하는데, 뭐

그니까 할머니는 하는 수 없이 할아버지 때 와서 같이 드십시오 카지요. 조상을 기리는 생각만 있으면 되지, 형식이나 이런 게 지금 생활에 너무 많은 영향을 주면 안 된다 싶어서 그렇게 고쳐가고 있습니다.

　큰 종가의 살림을 속속들이 다 알지야 못하지만, 어떻게 이를 욕할 수가 있으랴. 평생 고향에 붙박이로 눌러 살면서 눈 뜨고 하는 일 중에 제일 큰일이 바로 그 봉제사였던 농경시대의 제도를, 집안 하인들이 일을 다 하고 주인은 뒷짐 지고 호령만 하면 되던 그 옛날 제도를, 지금처럼 세계가 하나로 어우러지고 인공위성이 우주 공간을 오가는 이 눈부신 변화의 시대에, 누가 무슨 자격으로 그대로 지키기를 강요할 수 있을까? 우리에게 필요한 것은 종손 말처럼 박제화 된 옛날 그대로의 형식이 아니라 살아 있는 그 정신적 가치이며, 이를 실천 가능한 방법으로 새롭게 다듬어 나가면 될 터이다. 종손과의 대화에서 욕할 거리보다, 과거에 매몰되지 않고 미래를 함께 전망하면서 실천 가능한 방안을 새롭게 찾아가는, 바로 그런 고뇌와 가능성을 엿볼 수 있었다.

3. 베푸는 일을 낙으로 삼고

　　종부 조원길은 창녕조씨로, 영천 오산리(지실)가 친정이며, 3남 2녀 중 넷째이다. 친정아버지는 한학에 조예가 깊은 대쪽 같은 선비, 그의 표현에 따르면 '딸깍발이'였다고 하고, 위로 오빠 두 분과 언니 한 분, 아래로 남동생이 하나 있는데, 다들 명문대학 출신에 약사, 외교관 등으로 활동하고 있다고 하니, 머리가 총명하고 교육을 잘 시킨 집안이 틀림없어 보였다. 조원길은 가정과 출신으로 종가에 시집온 것이 친정아버지의 적극적인 권유 때문이라고 하면서도, 결국은 개인의 운명이라 생각하였다.

　　예를 들어 꽃씨가 떨어져서 어느 곳에서 발아하느냐? 그건 자기 운명이에요. 의사한테 너 왜 의사가 되었냐 하면 어리석은 질문이라고 생각합니다. 삶은 이런 삶도 있고 저런 삶도 있고 자기 삶에 충실하면 되지. 그냥 종부가 어떠냐 어떠냐 하면 제가 듣기 싫더라고요. 인생이라는 거는 다양하지 하나의 왜라는 게 없을 것 같아요.

그러면서 그는 종부의 삶이 힘들어 보이지만, 모든 것은 생각하기 나름이라 하면서, 긍정적으로 생각하면 좋은 점이 참 많다고 자랑스럽게 이야기하였다. "일반 집에 시집갔으면 경험의 폭이 좁았을 터인데 큰 종가에 시집왔기 때문에 다양한 것을 느낄 수 있어서 좋다"고도 하였고, 종가 안살림에서 가장 큰 비중을 차지하는 봉제사 접빈객을 아주 보람 있게 여겼으며, 음식 만들기를 좋아하여 다른 집에서는 보기 어려운 특별한 음식을 여러 가지 만들어 내는 등 아주 종부다운 모습이었다.

생활은 하기 나름이고 사고에 따라 엄청난 변화를 일으킬 수 있어요. 불교에서 말하듯이 일체유심조一切唯心造, 내 마음 먹기에 달렸어요. 그래서 저는 부정적 사고를 가진 사람들을 보면 대응을 안 해요. 언젠가는 그 사람이 그렇게 나가거든요. 친정아버지가 보통 사람은 인생사 100년 대계를 계획한다면 종부는 천년 대계를 세우는 마음으로 살아야 한다고 말씀하셨지요. 자랑스럽게 얘기하는 게 아니고 내 생활은 그렇게 해요.

제사를 모셔 보면 시아버님이나 시조모님 같이 제가 본 조상은 당신 모습만 없지 정신은 우리 하고 같이 공존한다고 생각합니다. 우리는 제사를 그냥 굉장히 즐겁게 모시고 있어요. 힘들죠. 불천위 제사 때는 힘들죠. 그렇지만 며칠 지나면 아닌 날이 더 많기 때문에, 곧 남들과 다름없는 일상으로 돌아갑니다.

종부 조원길이 자신에게 주어진 삶을 남과 단순 비교하지 않고 긍정적으로 생각하면서 보람 있게 생활하는 자세를 엿볼 수 있는 대목이다. 그러면서 그는 특별히 남에게 베푸는 즐거움을 강조하였다. 그는 시조모가 많이 베푸는 것을 보았다고 하였고, 우연히 이런 일로 시아버지께 칭찬받았던 일을 아주 소중한 기억으로 간직하고 있었으며, 그의 자녀들에게도 베푸는 사람이 되기를 기대한다고 하였다.

저희 시조모님이 많이 베푸셨어요. 제가 처음 시집을 왔을 때, 어떤 아저씨가 머리에 모자를 쓰고 밥을 좀 달래요. 그래 밥하고 일단 배가 고프니까, 진수성찬이 뭐 필요해요, 밥하고 김치하고 물만 가져오라 해서 주었더니 밥을 한 그릇을 다 먹더라고요. 허겁지겁 먹어요. 그래서 "아저씨 밥 좀 더 드릴까요. 시골이라서 반찬은 없는데" 이러니까 더 달래요, 그래서 또 한 공기를 가져갔어요. 그걸 또 다 먹어요. 그리고 인사를 수도 없이 하고 갔어요. 제가 그분을 대접하고 난 뒤에, 저가 정말 양동이 물이 필요 없구나. 목마를 때는 물 한 모금이 필요함을 엄청 느꼈어요. 저희 시아버님이 사랑방에서 그걸 다 듣고 보셨어요. 그리고 저 보고 "사돈이 참 잘 가르쳤다. 가르칠 게 없다" 하시더라고요. 그것 하나를 보시고.…… 손님이 오시면 누구나 접구接口라도 하고 가시면 마음이 편합니다. 종가 개념이란 봉제사 접빈객 그리고 광전계후光前繼後가 아니겠어요.

저는 우리 집에 왔다가 즐거운 마음으로 돌아가면, 그 이상 안 바래요. 손님들도 많이 오세요. 아주 즐겁게 가시는 분들이 있거든요. 그 이상 뭐가 있겠어요. 저는 보통 사람들은 봉사활동도 하고 하지만 저는 그런 활동은 안 해요. 내 집에 오시는 분들도 대접을 못해 보내는데 싶어서. 밥 대접하는 걸 보시고는 아버님께서 사돈이 참 잘 가르쳤다 하신 말씀에 깨달은 바 있어서 이를 생활화 하였지요. 여기 인상 쓰고 있으면 누가 오겠어요. 그리고 오시는 분들이 계셔야 종가가 유지되지 사람 안 오면 종가 유지 안 돼요. 누구나 즐겁게 왔다가 즐겁게 갈 수 있는 그런 종가가 돼야지요.

머느리한테 가르쳐 주고 싶은 거야 늘 베풀라는 것이지요. 우리 집 상황에서 베푸는 것은 뭐 큰 것도 없어요. 물 한 잔이라도 곡진한 마음으로 접대하여 손님들이 늘 기쁜 마음으로 돌아갈 수 있도록 하라는 부탁이겠죠. 그런 어떤 종가 인심이 있어야지요.

종부와의 대화 녹취록에서 인상적인 몇 구절을 인용해 보았다. 큰집 살림하면서 수많은 손님을 접대하고 베풀어 온 삶, 이제 그것이 보람 있는 생활의 일부로 몸에 배어 버린 그런 후덕한 인심이 묻어나는 대목들이었다.

양동마을 경주손씨종가의 종손과 종부 두 사람은 모두 현대식 교육을 받은 사람들이면서도 다소 무겁고 고전적일 수 있는 종손 종부의 삶 자체를 있는 그대로 수용하고 긍정하면서 아주 보람 있게 생활하였다. 종손 손성훈은 집안에 행사가 있거나 주말이면 언제나 종가를 지키며 찾아오는 내방객들과 어울리는 일을 생활의 즐거움 중 하나로 생각하였고, 종부 또한 내 집을 찾아오는 손님들에게 차 한 잔 내고 다과 한 점 대접하는 일을 베풀면서 살아가는 인생의 보람으로 여겼다.

요즘 주말에 여기 와 있으면 참 기분이 좋습니다. 물론 이런 자연환경도 좋지마는, 내가 사회생활 하면서 만날 수 없는 사람을 여기서 많이 만나요. 오늘 선생님 같이 공부만 하시는 분들하고, 예술 하는 사람이라든지, 도지사도 집에 찾아오고, 베트남 수상도 찾아오고, 찰스 황태자도 찾아오고, 이런데 얼마나 좋아요. 내가 평소에 만나 얘기하지 못하던 사람들이 스스로 찾아온단 말이에요. 참 좋은 일 아닙니까? 오는 사람도 좋아하고 나도 좋거든요. 그런 게 굉장히 나한테는 생활에 도움이 될 때가 있어요.

종가의 일을 짐으로 여기지 않고 자신의 보람 있는 생활의 일부로 승화시킨 긍정적 삶의 모습이다. 이렇게 지내면서 오랜 세월 지켜 온 이 종가가 후대에도 오래오래 전해지기를 바라는 소망을 품고 있었다. "이 집이 오백 년이 내려왔는데, 유네스코 유산에 지정되면 천년만년 가지 않겠어요. 그거를 항상 조상님께 기도를 했어요. 사실 삼대 내려가기도 힘든 집 많잖아요. 모르겠어요. 유네스코 지정되면 천년만년 가게 해 달라고 그러면, 어떤 변화가 와도 이 집은 지켜지잖아요. 그죠." 양동마을이 유네스코 세계유산으로 등재될 즈음 간절한 소망을 담은 종부의 기대 어린 말이었다.

종손과 종부가 지금처럼 사람을 재산으로 여길 줄 알고, 남에게 베푸는 삶을 즐거움으로 여기며, 시대의 변화에 유연하게 대응한다면, 아마 틀림없이 그렇게 될 것이고, 또 그렇게 되리라 기대한다. 서백당 사랑마당의 저 늠름한 향나무처럼, 수백 년 역사를 갈무리해 온 선영의 저 아름드리 소나무들처럼, 영원히.

참고문헌

국학진흥원, 『2004 한국국학진흥원 수탁 국학자료 목록집』 상, 2005.
문화재청, 『한국의 초상화, 역사 속의 인물과 조우하다』, 2007.
_____, 『한국의 전통가옥 25 – 양동 서백당』, 근대문화재과, 2008.
서백당, 『경주손씨세보』, 회상사, 1996.
손성훈, 『송첨 – 서백당 관가정의 건축과 의례』, 서백당, 2009.
손진규·손병철, 『국역 양민공집』, 동강서원, 1982.
_____, 『국역 우재집』, 동강서원, 1982.
영남대 민족문화연구소, 『영남고문서집성』, 영남대출판부, 1992.
영남대 인문과학연구소, 『양좌동연구』, 영남대학교출판부, 1990.
이수환, 『경주 회재 이언적 종가』(경북의 종가문화 4), 예문서원, 2011.
이연자, 『천년의 삶으로 이어온 종가 이야기』, 컬처라인, 2001.
이익성 역, 『이중환 택리지』, 한길사, 1992.
한국정신문화연구원, 『고문서집성 32 – 경주손씨편』, 1997.
村山智順, 최길성 역, 『朝鮮の風水』, 민음사, 1990.

이수건, 「경주의 양동손씨와 옥산이씨」, 『경북지방고문서집성』, 1979.
장선주 외, 「양동마을 서백당과 관가정의 칸 구성」, 『한국주거학』 14, 2003.
정승모, 「조선후기 문중 형성과 문중계 운영방식」, 『역사민속학』, 2006.
최영기, 「양동마을 월성손씨 양동이씨 건축공간 특성연구 – 서백당 무첨당 관가정 향단을 중심으로」, 『경주문화논총』 9, 2006.